THEODORE GOSSELIN

HISTOIRE ANECDOTIQUE

DES

SALONS DE PEINTURE

DEPUIS 1673

PARIS

E. DENTU, ÉDITEUR

LIBRAIRE DE LA SOCIÉTÉ DES GENS DE LETTRES

PALAIS-ROYAL, 15, 17 ET 19, GALERIE D'ORLÉANS

HISTOIRE ANECDOTIQUE

DES

SALONS DE PEINTURE

HISTOIRE ANECDOTIQUE

DES

SALONS DE PEINTURE

DEPUIS 1673

PAR

THÉODORE GOSSELIN

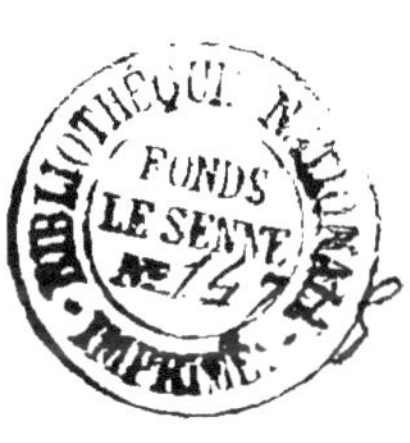

PARIS

E. DENTU, ÉDITEUR

LIBRAIRE DE LA SOCIÉTÉ DES GENS DE LETTRES

PALAIS-ROYAL, 15-17-19, GALERIE D'ORLÉANS

—

1881

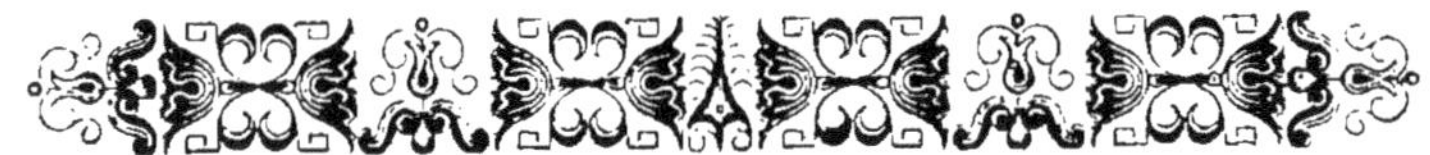

I

LE PREMIER SALON DE PEINTURE

La Saint-Louis. — L'hôtel de Brion. — L'Exposition de la
place Dauphine. — Une aventure d'Antoine Coypel. — Vaudeschoux. — La création de l'Académie en 1648. — Expositions en 1667, 1669 et 1671. — Exposition de 1673.

LE 25 août, jour de la Saint-Louis, le Paris de
nos pères était en fête. — Fête au Louvre, où
l'Académie française assistait en grand costume,
dans la chapelle du palais, à une messe en musique
suivie du panégyrique de saint Louis *par un habile
prédicateur*. — Fête au jardin des Tuileries. L'orches-
tre de l'Opéra donnait pour le bouquet du Roi un concert public sur une estrade adossée au pavillon central
du château, vis-à-vis la grande allée. — Fête à l'hôtel
royal des Invalides. Le peuple avait ce jour-là ses
grandes entrées aux cuisines et à l'arsenal. — Les

1

Académies tenaient leur séance solennelle, les eaux jouaient à Marly et à Versailles, et le soir un feu d'artifice tiré sur la Seine, entre le Pont-Royal et le Pont-Neuf, terminait la journée (1). —

Or, en l'année 1673, un nouveau plaisir était venu s'ajouter à l'attrayant programme qu'on vient de lire : MM. de l'Académie royale de peinture et de sculpture avaient exposé dans la cour de l'hôtel de Brion les œuvres les plus remarquables qu'ils avaient produites durant l'année.

C'était dans la rue Richelieu, longue, étroite et noire à cette époque, presque au coin de la rue Saint-Honoré, à quelques pas de l'église des Quinze-Vingts, entre la rue du Rempart et celle de la Boucherie, anciennes ruelles aux maisons basses et déjetées, entièrement oubliées de la génération actuelle et dont la construction de la place du Théâtre-Français a fait disparaître les derniers vestiges. — Là, se trouvait une haute porte, percée dans un mur très élevé et fort nu, et, tout à côté, adossée aux dépendances de l'hôtel Richelieu, une échoppe portant cette inscription pompeuse : *Le sieur Brunet, charron du roi.*

La porte franchie vous êtes sous un hangar ; au fond, au-dessus des maisons particulières qui forment une sorte de cité, le dôme bas et lourd de la chapelle du Palais-Royal. Dans cette longue et boueuse impasse, à ciel ouvert, sans une tente pour les garantir, sont exposés

(1) *Almanach de la Cour et de la Ville.*

des chefs-d'œuvre comme l'*Histoire d'Alexandre* par Le Brun, ou les *Conquêtes de Louis XIV* par Van der Meulen.

Quand on songe aux soins que met un peintre de nos jours à remporter du palais des Champs-Élysées, son tableau refusé par le jury, aux flanelles dont il l'enveloppe, aux tampons dont il le protège, on se prend à rêver devant cette simplicité des maîtres exposant en plein air, le long d'une muraille nue, ces toiles où ils avaient mis le meilleur de leur génie et de leur science. Cela ne rappelle-t-il pas un peu Molière jouant l'*Étourdi* devant des paysans dans une grange, et Corneille, assis sur une borne, les pieds dans la boue, causant simplement avec le savetier qui met une pièce à l'un de ses brodequins.

Les expositions publiques de peinture n'étaient pas, du reste, un plaisir tout à fait inconnu aux Parisiens du XVIIe siècle. Depuis quelques années, le jour de la Fête-Dieu, après les processions, à l'heure si bien décrite par Mercier, où les enfants font des reposoirs dans la rue, avec des chandeliers de bois, des chasubles de papier, un dais de carton, un petit soleil d'étain....., la foule se portait à la place Dauphine : là, le long des maisons encore tendues de tapisseries anciennes, et ornées de branches vertes, les peintres amateurs de Paris, les *jeunes*, ceux qui n'aspiraient que de loin aux honneurs de l'Académie, exposaient, pendant une heure ou deux seulement, les meilleurs tableaux de leur atelier : c'était pour les uns une enseigne miro-

bolante à vendre, pour les autres, une étude d'après
l'antique, rarement un paysage ou un sujet d'histoire.
Cependant le public prit si grand goût à ce nouveau
genre d'exposition rudimentaire, que, bien longtemps
après la création des salons académiques, la foule se
portait encore à la place Dauphine le jour de la petite
Fête-Dieu. Les grands seigneurs ne dédaignaient pas
de s'y rendre, non plus que les artistes en renom, et,
pour en finir avec ces expositions auxquelles nous
n'aurons plus l'occasion de revenir, disons que c'est
là que Chardin se révéla par un tableau imitant un
bas-relief; Carle Vanloo le remarqua, acheta le tableau et emmena le jeune auteur à Fontainebleau où
l'on venait de le charger de la décoration d'une galerie. « Lancret y exposait en 1717 deux tableaux que
les plus fins attribuèrent à Watteau, et qui commen-
cèrent sa réputation (1) ».

Malgré leur succès qui se perpétua jusqu'à la révolution, ces expositions ne donnaient lieu à aucun catalogue. Le *Mercure de France* cependant, ne les laissait point passer sans leur consacrer quelques lignes.
« Un jour, raconte-t-il, Antoine Coypel vint avec faste
se faire voir à la place Dauphine, dans un magnifique
carrosse, tandis que les personnes de la première distinction descendaient de leur équipage à l'entrée de la
place. Choqué de l'orgueil de Coypel, le sieur le Clerc,
peintre, monta sur une charrette qu'il rencontra par

(1) Ed. Fournier, *Histoire du Pont-Neuf.*

hasard et suivit dans la place Dauphine Coypel en parodiant ses gestes d'une manière fort plaisante. »

Notons encore un passage des *Mémoires secrets* de Bachaumont pour 1786. « Cette année-là, l'exposition de la place Dauphine n'offrit rien de remarquable, sinon le spectacle d'une demi-douzaine de balcons chargés de jeunes filles, parées, les unes de leurs charmes naturels, les autres de tous les embellissements de la toilette; et c'étaient toutes les demoiselles dont les ouvrages étaient exposés, et surtout les portraits, en sorte qu'il était fort facile de juger sur-le-champ de la ressemblance en les comparant ensemble. Ce nouveau genre de coquetterie attira beaucoup d'amateurs plus empressés de regarder les originaux que les copies. »

Quand la Révolution ouvrit à tous les portes du Salon, l'exposition de la place Dauphine n'eut plus sa raison d'être. Elle disparut donc des mœurs parisiennes en même temps que la Fête-Dieu ; et lorsque plus tard on reconnut la nécessité d'un jury limitant le nombre des œuvres admises aux honneurs de l'exposition publique, elle était oubliée et ne reparut plus. De nos jours, la tentative qui fut faite pour la ressusciter sous le nom de *Salon des refusés* n'obtint qu'un médiocre succès.

Sans aller aussi loin que quelques critiques du siècle dernier, qui en avaient fait l'origine de nos salons académiques, il faut bien admettre que cette exposition entretenait l'émulation des élèves et les aidait à se reconnaître et à se grouper. Vers le milieu du XVIIᵉ siècle quelques jeunes gens, dont l'un avait nom Charles Le Brun, se réunirent et louèrent en commun un atelier dans une maison voisine de l'église Saint-Eustache : un nommé Vaudeschoux leur servait de modèle pour le nu. Pendant six mois, le malheureux dut prendre toutes les postures qu'il plut aux jeunes artistes de lui infliger. Tour à tour Achille, Hector, Hippolyte, gladiateur mourant... il finit par déclarer à ses copistes que, l'hiver approchant, malgré tout le souci qu'il prenait de leur art, il commençait à grelotter dans son costume primitif de héros antique, et qu'il fallait songer à chauffer l'atelier. Ce fut une grave affaire. Aucun de ces jeunes gens, qui devaient tous un jour être rentés sur la cassette du Roi, ne pouvait subvenir à la folle dépense d'un appareil quelconque de chauffage. Vaudeschoux tint bon et se rhabilla. Nos étudiants en profitèrent pour se réfugier dans la cave de l'un d'eux qui demeurait rue du Coq, économie qui leur permit de s'offrir un modèle mieux conformé, car nous avons oublié de dire que Vaudeschoux était petit, malingre et contrefait. Son successeur fut un ivrogne de savetier, nommé Marin, homme de belle stature et solidement bâti.

« L'exemple de ces jeunes gens trouva bientôt des imitateurs parmi les artistes et parmi quelques ouvriers bien conformés, pour qui cette manière de gagner sa vie en montrant simplement son corps était une attrayante nouveauté. Un nommé Dubois loua dans la cour des cuisines du Louvre, une salle où il posait moyennant rétribution. Deux autres, Braulin et Girard allaient s'offrir dans les ateliers où les artistes commençaient à les employer et à les grouper. Ce Braulin était un maçon âgé de trente ans et si bien fait, que lorsque Le Brun partit pour l'Italie, il l'emmena à Rome où il détrôna le célèbre Caporali dont les formes y passaient pour un miracle (1). »

« De retour à Paris, Le Brun et ses anciens compagnons d'études, voulant se soustraire à la domination de l'antique corporation des maîtres peintres qui prenaient le titre d'Académie de saint Luc, formèrent le projet d'établir à leurs frais une école ou *Académie royale,* dans laquelle ils s'exerceraient à des études publiques et montreraient à la jeunesse à dessiner d'après le naturel, c'est-à-dire d'après un homme nu qu'on pose en diverses attitudes, ce qu'on a toujours nommé depuis : *faire une académie* (2). »

Les cours furent assidûment suivis. Le Roi les encouragea par lettres patentes gratuites de 1648, et c'est ainsi que se fonda l'*Académie royale de peinture et de sculpture* qui devait prospérer jusqu'aux premières années de la Révolution. Le premier lieu de réunion fut l'ancien atelier voisin de Saint-Eustache, où l'ambitieux Vaudeschoux avait servi de modèle, puis l'Académie loua, rue des Deux-Boules, le premier étage de l'hôtel

(1) *L'Artiste,* 1850.
(2) *L'Artiste,* 1850.

de Clisson (1). Enfin nous la retrouvons en 1673 installée dans une aile que le cardinal de Richelieu avait fait construire au Palais-Royal pour sa bibliothèque, sur l'emplacement de l'hôtel du comte de Brion, écuyer de Gaston d'Orléans.

Déjà une exposition avait eu lieu sur l'invitation de Colbert, le 9 avril 1667, jour du dix-neuvième anniversaire de la création de l'Académie. Cette innovation, renouvelée en 1669 et 1671, n'a pas laissé de traces. Il est probable qu'aucune liste ne fut dressée des tableaux soumis au jugement du public. Le premier livret que nous possédons date de 1673. Il mentionne cent-cinquante objets, tableaux ou statues, exposés par MM. de l'Académie royale à l'occasion de la fête de Sa Majesté le 25 août.

L'Académie se composait alors de cent membres. Cinquante-quatre d'entre eux seulement avaient exposé. — Les sculptures, posées sur des scabellons, occupaient le milieu de la cour. Les tableaux, de moyenne grandeur, étaient rangés sur une sorte de banquette, le long de la muraille, et, au-dessus d'eux, occupant tout l'espace laissé libre, les immenses tableaux de Le Brun, représentant l'*Histoire d'Alexandre*, destinés à orner la galerie d'Apollon alors en réparation. Chacun les connaît ; ils occupent aujourd'hui le vestibule de la salle du trône au Louvre.

(1) Thiery, *Guide du voyageur*, 1787.

« Quatre grands tableaux, dit le livret, faits par M. Le Brun, chancelier et recteur de l'Académie.

« Le premier représente *la défaite de Porus par Alexandre;*

« Le second est *le passage du Granique;*

« Le troisième *la bataille d'Arbelles;*

« Et le quatrième *le triomphe d'Alexandre.* »

Une véritable curiosité que ce livret de 1673 auquel nous reviendrons plus tard, imprimé sur petit in-folio et décrivant minutieusement chaque tableau en un style précieux fort à la mode, peut-être, mais à coup sûr très peu clair.

« Un tableau *représentant Bérénice qui arrache un papier des mains de Ptolémée, dans lequel étaient les noms des personnes condamnées à mort, parce que le Roi le lisait en jouant, jugeant que, quand il y va de la vie des hommes, il faut plus d'attention.*

« Le second, *Pithopolis, femme de Pithès, faisant servir sur table toutes sortes de viandes représentées en or massif, pour guérir l'avarice de ce prince qui voulait que ses sujets ne travaillassent qu'aux mines d'or.*

« Le troisième, *Policrite qui envoie un pain à ses frères dans lequel était un avis important...* »

« Certes, c'est à des sujets de ce genre que le *Mercure galant* devait faire allusion lorsqu'il proposait des énigmes gravées et qu'il disait : il n'y a rien de nouveau à cela, et tous les ans on expose en public différents tableaux des meilleurs maîtres qui sont autant d'énigmes à expliquer (1). »

Mentionnons encore :

De M. le Hongre, professeur, *la figure du Roy sur le cheval de bronze.*

De M. Desjardins, professeur, deux bas-reliefs; l'un, représentant *Apollon qui poursuit Daphné,* et l'autre représentant *une Justice.*

Et plus loin : un tableau fait par M. Champagne, recteur de l'Académie, représentant *Jésus-Christ avec les deux pèlerins d'Emmaüs.*

Comme portraits :

De M. le Maire, quatre tableaux, l'un représentant le *portrait du général des Pères Mathurins,* et l'autre, *M. le curé de Saint-Jean en Grève.* — Un autre où est représenté *M. Bachot et sa femme, laquelle présente à son époux un cœur enflammé.* Le quatrième est un *portrait d'enfant.*

Van der Meulen commençait alors la série de ses tableaux d'histoire, disséminés aujourd'hui au Louvre, à Versailles ou à Trianon.

« De M. Vandremeule, dit le livret, deux tableaux, l'un représentant *la ville de Lisle,* et l'autre *celle de Dôle où dans tous les deux est le Roy.* »

Ces deux tableaux, dont le premier appartint longtemps à la ville de Lyon, sont aujourd'hui au Musée du Louvre.

(1) *L'Artiste,* 1850.

Telle fut cette première exposition de tableaux. Eut-elle du succès, le public s'y porta-t-il d'une façon durable? C'est ce que nous ignorons, cette exposition n'ayant laissé d'autre trace que le livret dont nous avons parlé. Colbert, il est vrai, l'honora de sa visite. Cependant les essais suivants ne furent point heureux, et ce n'est qu'en 1699 que nous retrouvons l'Académie installée à la galerie du Louvre.

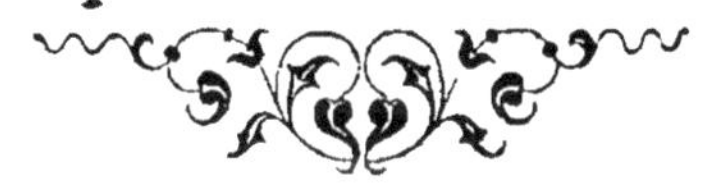

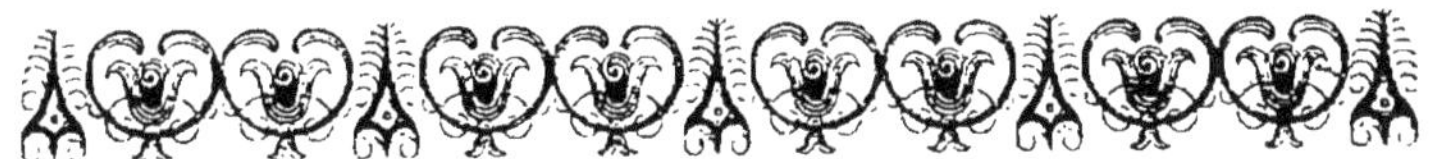

II

1699-1704

Le Louvre au siècle dernier. — Les salles de l'Académie de peinture. — Compte rendu *in-extenso* de dix-huit séances de l'Académie royale de Danse. — La galerie d'Apollon. — Exposition de 1699. — L'opinion du *Mercure*. — Exposition de 1704.

L E vieux Louvre, ce livre de pierres, sur lequel dix rois ont signé leur nom, n'était pas encore achevé à la fin du siècle dernier. — Les façades de la cour carrée, entreprises ou réparées sous Louis XIII, Louis XIV et Louis XV ne furent jamais terminées. Les bâtiments qu'elles représentaient étaient abandonnés avant d'être achevés. La plupart manquaient de toitures ou n'en avaient que de provisoires, établies à la hâte, ne s'élevant pas même à la hauteur des murs de face. Et comme le Roi n'habitait plus Paris depuis les troubles de la Fronde, un monde de locataires de toute sorte s'était taillé dans cet immense palais des petits logements bourgeois. — Des gens de lettres, des artistes avaient obtenu la permission de s'y loger et d'y établir leur atelier. Les grandes antichambres désertes se trouvèrent divisées en une série de petites chambres. Telle pièce destinée au logement du Roi devint un appartement complet. « On en construisit même, dit Dulaure, dans des corps de logis qui n'avaient que des façades et qui manquaient de toits. »

Vers 1740, Boucher habitait la partie du premier étage où sont exposés aujourd'hui les dessins des vitraux de la chapelle de Dreux. Son atelier, comme la plupart de ceux de ses collègues de l'Académie, était ouvert au public à certains jours de la semaine.

« Plusieurs peintres, dit Mercier, ont dans ce palais leur atelier, et une multitude de rats leur domicile. C'est le cortège ordinaire des talents. — Celui qui vient à décéder dans les logements du Louvre, ajoute-t-il, ne peut se faire attacher à sa porte une aune de drap noir. Il faut qu'il déloge sans cérémonie ; on enlève le corps sans qu'il soit exposé, et il est interdit aux murailles de porter les marques lugubres de la douleur de sa famille (1). »

On sait, en effet, qu'à moins d'être prince du sang

(1) *Tableau de Paris.*

de France, il était, de par les lois de l'étiquette, défendu de mourir officiellement dans une résidence royale. — La marquise de Pompadour, décédée au château de Versailles, le 14 avril 1764, fut une des rares exceptions à cette règle.

La superbe cour carrée, si sévère aujourd'hui dans sa richesse, était encombrée de gravois qui s'élevaient à la hauteur du premier étage, et, dans les endroits où l'on pouvait passer, on avait établi, au moment de la construction de la colonnade, des baraques hideuses qui peu à peu tombaient en ruines, et dont les débris ne furent enlevés qu'au bout d'un siècle, en 1772. On partagea alors la cour en quatre grands carrés de gazon, protégés par des barrières.

Devant la colonnade elle-même, une multitude de petits fripiers étalaient en plein air, sur la place, des guenilles et des haillons.

L'Académie-royale de peinture et de sculpture occupait la salle du palais où l'on a placé de nos jours le *Radeau de la Méduse*; puis le salon voisin où sont les médailles antiques, le salon octogone qui précède la galerie d'Apollon, la galerie elle-même, et deux autres petites salles, détruites aujourd'hui, et remplacées par ce gigantesque escalier qui conduit aux salles de l'école française.

Ces divers appartements contenaient quelques œuvres d'art qui sont restées la propriété du Musée. On y parvenait par un petit escalier en vis, dont l'entrée se trouvait sur la place du Louvre, à l'extrémité de la rue Froidmanteau.

Dans la première pièce, servant d'antichambre, la statue colossale de l'*Hercule Farnèse*, moulée sur l'antique, quelques tableaux, dont un de Chardin, et le *portrait de Bon Boullongue* peint par lui-même. Un escalier placé au fond de cette pièce conduit à la salle . des modèles pratiquée dans le comble. — Dans le second salon de l'Académie se trouve, outre le *buste de Louis XIV* par le chevalier Bernin, les portraits des directeurs et des protecteurs de l'Académie : *Colbert, Mazarin, le marquis de Louvois, M. de Villacerf, le président de Lamoignon, le chancelier Séguier, Mansart et le duc d'Antin*. Dans l'enfoncement, au fond de la pièce, sur un socle de marbre, le *buste de Le Brun* et celui *de Mignard*. Les armoires à hauteur d'appui qui règnent sur la gauche contiennent la bibliothèque de l'Académie et ses portefeuilles de dessins et d'estampes. — La quatrième salle, de forme circulaire, a son plafond en coupole, enrichi de sculptures par compartiments. Sur la porte d'entrée est placé le tableau de réception du chevalier Servandoni, représentant des *ruines;* sur la porte qui est en face, servant d'entrée à la salle d'assemblée, se voit le magnifique tableau de la *descente de croix*, peint par Jouvenet..... La cinquième pièce sert à MM. les Académiciens pour leurs assemblées. Au fond, le *Buste en marbre de Louis XV*, soutenu sur un piédestal de marbre, orné d'un bas-relief représentant *ce prince prenant l'Aca-*

démie sous sa protection. Ce morceau est de M. Berruer. Les portières de cette pièce ont été travaillées aux Gobelins. On y voit aussi une belle pendule donnée à cette Académie par feu M. de Toulouse. — MM. les officiers de l'Académie y ont chacun un fauteuil, et MM. les Académiciens se tiennent derrière, sur des tabourets (1). Certes, le décor est imposant, et nous ne voudrions nuire en rien à la majesté du souvenir que doit éveiller dans l'esprit du lecteur l'idée de ces solennelles séances académiques ; mais nous ne pouvons manquer de rapporter ici une anecdote qui courut jadis sur l'Académie royale de danse, fondée par Louis XIV, et dont le conseil siègeait dans la rue Basse, près de la porte Saint-Denis. — « Lorsque D... y fut reçu, Vestris, le grand Vestris, le *diou de la danze*, qui présidait l'assemblée, ouvrit la séance par la question : Messieurs, où irons-nous dîner ? Après cette délibération intéressante et l'admission du nouveau membre, il proposa de faire graver un cachet pour sceller les expéditions. On prétend que la discussion sur les supports occupa dix-huit séances. Ceux qui étaient pour la force demandaient un hercule, les autres soutenaient qu'il fallait des anges pour exprimer la légèreté..... (2). »

Il faut rentrer dans le salon octogone pour aller à la galerie d'Apollon. Vous connaissez cette superbe salle

(1) Thierry, *Guide du voyageur*, 1787.
(2) *Observations philosophiques*, 1785.

aujourd'hui complètement restaurée. A cette époque, elle était, comme le reste du Louvre, un mélange de splendeur et de ruine. Un incendie l'avait détruite en partie et l'on se contentait de l'entretenir assez pour en empêcher la destruction complète. Seul, le chef-d'œuvre de Le Brun, qui orne encore le dernier compartiment du plafond, du côté de la rivière, avait ré-sisté aux ravages du temps. Le peintre y a représenté le *triomphe de Neptune et de Thétis*. Ces divinités y paraissent sur un char tiré par des chevaux marins, les tritons et les néréides forment leur cour. Tout autour est un grand rideau qui semble n'avoir été levé que pour découvrir aux yeux cette magnifique pein-ture. Sur le devant de la corniche est une figure de fleuve en stuc, accoudé sur son urne (1).

C'est dans cette salle que se tint l'exposition de 1699. L'essai de 1673, renouvelé le 14 août 1675, avait oc-casionné à l'Académie naissante un tel surcroît de dé-penses, qu'on avait rejeté l'exposition suivante à 1681. Mais les peintres ne répondirent pas à l'appel que leur fit Lemoyne, chargé de l'arrangement du Salon. Puis vint la mort de la Reine, qui retarda l'exposition de 1683. Enfin, après trente et un ans de séjour à l'hôtel de Brion, l'Académie s'installait au Louvre, et c'est alors qu'elle résolut d'inaugurer solennellement ce nouveau local par une exposition qui eut lieu du 20 août au 16 septembre 1699.

(1) Thierry, *Guide du voyageur*.

« M. Mansart, ex-intendant et ordonnateur général des bâtiments du Roi et protecteur de l'Académie, ayant représenté à Sa Majesté que les peintres et sculpteurs de son Académie royale auraient bien souhaité renouveler l'ancienne coutume d'exposer leurs ouvrages au public pour en avoir son jugement, et pour entretenir entre eux cette louable émulation si nécessaire à l'avancement des beaux-arts, Sa Majesté a non seulement approuvé ce dessein, mais leur a permis de faire l'exposition de leurs ouvrages dans la grande galerie de son palais du Louvre, et a voulu qu'on leur fournît du garde-meuble de la couronne toutes les tapisseries dont ils auraient besoin pour orner et décorer cette superbe galerie. Mais comme elle est d'une étendue immense, ayant deux cent vingt-sept toises de longueur, ils ont cru n'en devoir occuper que l'espace de cent quinze toises en faisant deux cloisons aux deux extrémités de cet espace.

« Sur la cloison de l'extrémité à gauche en entrant, il il y a un grand dais de velours vert, avec de grands galons et de grandes crépines d'or et d'argent, une estrade et un tapis de pied au-dessous, avec deux portraits, l'un de *Sa Majesté*, et l'autre de *Monseigneur*, par M. Perron. — Ensuite, et sur les deux côtés de la galerie, sont les tapisseries des actes des apôtres, faites sur les dessins de Raphaël; et, comme ces tapisseries sont d'une beauté extraordinaire, il n'y a aucun tableau dessus, mais seulement des ouvrages de sculpture.

« Savoir : au trumeau 2 à droite et du côté du Carrousel, sont les portraits du *Roi*, de la *feue Reine* et de *Monseigneur*.

« De ces trois portraits, celui du *Roi* est de bronze ; les deux autres de marbre blanc, sur leurs scabellons aussi de marbre blanc, sont de M. Coysevox.

« …Au trumeau 5 est un buste d'*Alexandre*, dont la tête est de porphyre et faite de son temps. Le buste est d'un marbre très précieux sur lequel est une draperie de bronze, doré d'or moulu.

« Le scabellon est enrichi d'ornements de bronze doré. Ces buste et scabellon sont de M. Girardon.

« Aux deux côtés de ce buste sont deux vases de bronze de deux pieds de haut ; sur l'un est le *Triomphe de Vénus*, et sur l'autre, *celui de Galathée*. Ils sont sur deux scabellons de marbre blanc, et ont servi de modèles aux grands vases qui sont dans le parc de Versailles, — faits par M. Girardon.

« Dans les croisées des trumeaux 1, 2 et 3, sont disposés en rang les portraits du premier et du second ambassadeur de Siam et du chancelier des dits ambassadeurs, peints par M. Benoist.

« …Au milieu de la galerie est la *statue équestre du Roi*, faite de bronze, de trois pieds deux pouces de haut. Elle est montée sur un piédestal soutenu de quatre termes, orné de plusieurs trophées.

« Dans le même endroit, et près de la dite statue équestre est un groupe de bronze du *Ravissement de Proserpine*, de trois pieds trois pouces de haut, lequel a servi de modèle pour le grand groupe de marbre qui

est placé à Versailles, dans la colonnade, — fait par
M. Girardon (1). »

Telle était la disposition du Salon de 1699, dont
une petite gravure fort rare (2) nous a conservé l'aspect
général. Cette exposition qui inaugure d'une façon
grandiose la longue série des Salons du Louvre, est
peut-être la plus riche en chefs-d'œuvre de toutes
celles que nous allons parcourir : Versailles, alors à
l'apogée de sa splendeur, était .devenu le plus magnifique palais du monde. Tous les artistes de l'Europe,
aux gages du grand Roi, le peuplaient de merveil-
leux objets d'art. C'est à cette débauche de talents, à
cette émulation excitée entre tous les membres de
l'Académie que le Salon de 1699 dut une partie de
sa splendeur.

Coypel le père, outre son portrait qui figura en 1874
à l'exposition faite dans la galerie du palais Bourbon
au profit des émigrants alsaciens-lorrains, et qui appartient aujourd'hui à M. Dumont de l'Institut, avait
exposé quatre grands tableaux :

*Ptolémée Philadelphe qui donne la liberté aux
Juifs; — Trajan empereur, donnant une audience;—
Solon soutenant ses lois contre les objections des Athé-
niens; — Alexandre Sévère qui fait distribuer du blé
au peuple de Rome par un temps de disette.*

Ces quatre tableaux, destinés aux appartements du

(1) Livret de 1699.
(2) Cabinet des estampes.

Roi à Versailles sont aujourd'hui au Musée du Louvre.

... En l'autre trumeau sont quatre tableaux de M. Jouvenet : *Le sacrifice d'Iphigénie*, — *Le mariage de la Vierge*, — *La Madeleine aux pieds de notre Seigneur chez le Pharisien*, — *Marthe et Madeleine aux pieds du Sauveur*.

Ces tableaux appartiennent également au Musée du Louvre.

Citons encore :

Le portrait de M. Desportes, peint par lui-même avec du gibier mort à ses pieds (Musée du Louvre), — ceux de *M. le comte de Gassion* et du R^d *Père Berlin, minime* par M. de Troy, — *Le portrait de M. Coypel, en attitude de peindre* par M. Coypel le fils, — *La savante Mme Dacier*, par Mlle Cheron, et *M. Despréaux Boileau, célèbre poëte*, par M. Bonis.

Cette remarquable exposition de 1699 fit grand bruit. Le *Mercure de France* lui-même qui se contentait alors de publier chaque semaine, avec un soin minutieux, le moindre détail des fêtes de la cour, daigna, pour la première fois depuis vingt-sept ans, descendre des hauteurs où il se tenait d'ordinaire et lui consacrer queques lignes :

« Messieurs de l'Académie royale de peinture et de sculpture, dit-il, célébraient autrefois la fête de Saint-Louis par l'exposition de leurs plus beaux ouvrages qu'il était permis au public de venir admirer ; mais comme ils étaient dans une cour où ils avaient à craindre les injures du temps qui obligeait souvent de les retirer avant que la curiosité du public fût satisfaite, l'usage de cette fête avait été insensiblement aboli. Mais M. Mansart, ex-intendant et ordonnateur des bâtiments du Roi et protecteur de l'Académie, voulant renouveler tout ce qui peut contribuer à l'avancement des beaux-arts, et ayant, pour cet effet, obtenu du Roi que les ouvrages des peintres et sculpteurs seraient exposés dans les grandes galeries de son palais du Louvre, le peuple a marqué par son concours le plaisir que lui donne l'exposition de tant de chefs-d'œuvre. Les étrangers les ont admirés et tous sont demeurés d'accord qu'il n'y a que la France capable de produire tant de merveilles, et qu'elle est bien redevable au Roi, qui, par sa protection et ses libéralités, donne lieu aux beaux-arts de parvenir à un si haut degré de perfection, qu'il n'y a point aujourd'hui de nation qui peut oser prétendre y parvenir. Il y a une liste des ouvrages exposés (1). »

On le voit, c'était un succès, — un succès qui, à la vérité, ne devait pas de longtemps se renouveler. La mode, ce code civil des Parisiens, n'existait pas encore à cette époque, et les Salons de peinture ne devaient atteindre l'apogée de leur vogue que vers la fin du XVIIIe siècle. — Pour cette raison, où pour d'autres que nous ignorons, l'exposition suivante n'eut lieu qu'en 1704, et avec elle commença cette affluence de

(1) *Mercure de France.*

portraits qui devait plus tard mettre si fort en colère l'auteur du *Tableau de Paris*.

M. Coysevox, directeur et l'un des quatre recteurs de l'Académie, a exposé les bustes de *Mgr le Prince de Condé*, de *M. le Maréchal de Turenne*, de *M. le Maréchal de Vauban* et de *M. le chevalier de la Vallière*.

M. Rigaud, adjoint et professeur : *M. de la Fontaine, M. Mignard, M. de Santeuil* et *M. Coysevox*.

Hyacinthe Rigaud, raconte le mémoire inédit des membres de l'Académie royale de peinture, fit en 1695 le voyage de Roussillon pour se rendre chez sa mère. Il la peignit en trois différentes attitudes. Une de face, l'autre de profil et la troisième à trois quarts, afin que M. Coysevox, son ami, et l'un des plus habiles sculpteurs de France, qui devait sculpter en marbre ce portrait, eût plus de facilité à le faire. Et, « ne s'étant pas voulu tenir à cette marque d'amour pour elle, il l'a fait graver ensuite par le sieur Drevet, un des plus habiles graveurs au burin de ce temps, afin de multiplier et de reproduire en quelque façon à la postérité celle qui l'a mis au monde. »

Ces portraits figuraient également au Salon de 1704 et sont ainsi désignés au livret : *Madame Rigaud la mère en trois différentes attitudes*. Ils appartiennent au Musée du Louvre.

Rigaud exposait encore un *portrait du Roi d'Espagne* (le duc d'Anjou) *en pied, grand comme le naturel*. — Une copie de ce portrait, dont l'original est au

Louvre, se trouve au château de Trianon dans le salon des Malachites.

Plusieurs tableaux destinés à la chapelle royale des Invalides : une *Assomption de la Vierge, accompagnée d'un groupe d'anges qui jouent des instruments*, par M. Coypel le père, dont le portrait, peint par lui-même, jouit également des honneurs du Salon, ainsi que celui de *Madame son épouse*.

Les douze Apôtres, par M. Jouvenet, pour être exécutés en grand aux Invalides.

Antoine Coypel, le fils, avait exposé trois tableaux qui sont aujourd'hui au Musée du Louvre : *Suzanne jugée et condamnée à mort par les deux vieillards qui avaient essayé de la séduire*, — *Athalie qui déchire ses vêtements dans la surprise où elle est de voir Joas reconnu roy de Juda*, — *Esther en présence d'Assuérus*.

Nous n'avons point l'ambition d'écrire une histoire de l'Académie royale de peinture et de sculpture, et moins encore celle d'énumérer les milliers de tableaux des maîtres français qui se sont succédé aux Salons du Louvre depuis 1704. Si nous nous sommes arrêtés avec plus de complaisance à ces premières expositions, c'est que, en raison de leur éloignement même, elles nous ont semblé présenter un intérêt particulier. — Si le lecteur veut bien nous suivre, nous allons parcourir ensemble cette longue série des Salons du siècle dernier, feuilletant le livret, nous arrêtant parfois devant un chef-d'œuvre, écoutant ce qu'en dit la

foule, prenant notre part des appréciations et des on-
dit du public. — Nous jetterons un coup d'œil aux
critiques, écouterons chanter les couplets de vaudevilles, et, sans y mettre beaucoup du nôtre, grâce aux
mémoires et aux pamphlets de l'époque, nous pourrons
tracer un croquis, fort peu savant, à coup sûr, mais
intéressant peut-être pour quelques-uns, de cette institution si parisienne, le Salon, qui, malgré les révo-
lutions et les mœurs nouvelles, tient encore aujourd'hui
le sceptre de la mode.

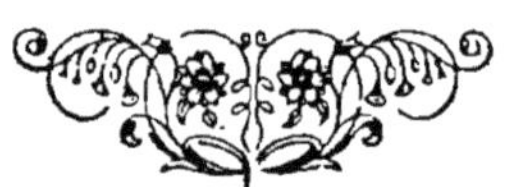

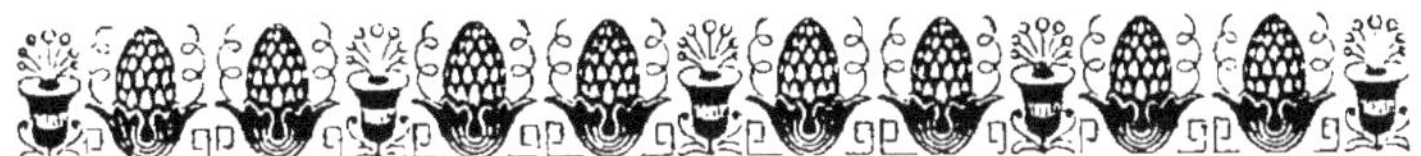

III

LE SALON SOUS LOUIS XV

La Régence. — Watteau. — Expositions de 1704 à 1740. —
Oudry. — Aved. — Chardin. — *L'Amour* de Bouchardon.
— Boucher. — Vernet. — 1749, le Salon supprimé. — Le
goût au XVIIIe siècle.

Quand le grand Roi mourut comblé de gloire
et d'années, Paris, abandonné depuis la
Fronde, se reprit à vivre. Il y avait dans l'air
comme une détente, un long soupir de soulagement.

Pendant les dernières années de Louis XIV, Versailles avait ressemblé à ces palais-couvents où s'ennuyaient les rois d'Espagne, près des tombeaux de leurs ancêtres. Chacun avait pris un masque qu'il s'empressa de jeter, lorsque le Roi mort fut porté sans apparat, dans un carrosse, la nuit, à l'abbaye de Saint-Denis où il devait, pendant soixante ans, attendre son successeur.

La Régence, quel joli mot! L'époque des soupers fins et des petits couplets, le temps des conspirations d'opéra-comique et des fêtes au Palais-Royal. Les arts, assure-t-on, sont la représentation fidèle des mœurs d'une nation. Jamais cette remarque si souvent faite ne fut plus vraie qu'au commencement du XVIIIe siècle. Aux grandes compositions de Le Brun, à ce style grandiose et un peu guindé qui convenait si bien à l'étiquette du Roi-Soleil, succéda sans transition cet art délicat et charmant du règne de Louis XV, que notre siècle a si longtemps dédaigné, et qui, dans ces dernières années, est revenu en faveur. En 1717, Watteau se chargea, en quelque sorte, de lancer le manifeste de la nouvelle école. Son *Embarquement pour l'île de Cythère* que possède aujourd'hui le Louvre, atteint dès le début la perfection du genre. Barques à proues dorées, ornées de soieries et de fleurs, terme de Vénus où pendent des arcs et des carquois, petits amours dans les nuages, moutons à longs poils, enharnachés de rubans roses, le XVIIIe siècle n'inventera rien de mieux, il a trouvé sa voie. Et, jusqu'à l'apparition de la sévère école de David, les peintres, s'appelassent-ils Van-loo, Boucher ou Lancret, ne créeront que des amours jouant sur l'herbe et des bergers en pourpoint de soie rêvant dans des paysages où

> « L'on verra des arbres d'ébène
> Puis des rochers en porcelaine...
> Et l'on trouvera cela beau...
> Ah ! public, public povero ! » (¹)

Au grand palais de Versailles succédaient les châteaux plus modestes de Choisy, de Meudon et de Saint-Hubert, en attendant que ces résidences princières cédassent à leur tour la place aux petits moulins et aux laiteries de la fin du siècle. Il y eut comme une fièvre d'intimité, succédant à cette fièvre d'apparat et de grandeur du XVIIe siècle. Chacun regagnait son chez soi, depuis longtemps délaissé pour Versailles, et se plaisait à l'orner de son mieux. Ce qui se peignit à cette époque de panneaux décoratifs et de dessus de portes, serait chose impossible à dire. — Les amateurs se forment des collections particulières ; les seigneurs étrangers eux-mêmes attirent les artistes français. Aussi, pendant toute la durée de la Régence, le Salon ne tint pas grand'place dans les mœurs parisiennes. De 1706 à 1725, rien. Jusqu'en 1740, peu de chose. Les trois ou quatre expositions qui se succédèrent dans cet espace de temps n'ont point laissé de traces ; il est fort probable qu'il n'en fut point imprimé de livret. Quelques tableaux de cette époque, morceaux de réception des nouveaux académiciens, se trouvent aujourd'hui au Musée du Louvre, par exemple :

Hercule étouffant Antée par Verdot, 1707, — *les*

---

(1) *La grande prophétie du Grand Nostradamus 1787.*

pasteurs de Chavannes, 1709, — *Débutade* de Tourniè-
res, 1716, — *Hercule assommant Cacus* par Lemoine,
1718, — *La Madeleine aux pieds de Jésus-Christ* par
Subleyras, 1727, — *Diane et Endymion* par Jean-Baptiste Vanloo. — Mais cette grande école académique
se mourait. Une caricature du siècle dernier représente
Arlequin au Salon tenant en main un billet de faire
part sur lequel on lit : *Mort des peintres d'histoire.* —
Arlequin a raison ; la mode est aux petites choses, et,
dans ce genre secondaire, l'école française compte
encore des noms illustres, dignes de figurer à côté de
ceux du siècle de Louis XIV.

Jean-Baptiste Oudry décorait les galeries du petit
château de Choisy-le-Roi. Un portrait du *Czar Pierre
le Grand* l'avait rendu célèbre, et le 28 septembre 1743
il obtint le grade de professeur à l'Académie royale.
Le livret de l'exposition de 1746 mentionne ainsi un
de ses tableaux qui se trouve aujourd'hui au Musée du
Louvre :

« Un grand tableau en longueur de 11 pieds sur 8 de
haut, représentant *un loup monstrueux qui a été forcé
près de Versailles par les quatre chiens qui l'environ-
nent, appartenant au Roi, dont les deux à grand poil
viennent du royaume de Naples, et l'un des deux lé-
vriers d'Irlande.* Ce tableau est destiné pour être posé
dans l'appartement de Sa Majesté à Choisy. »

C'est à Oudry que les chiens de la meute royale
sont redevables de l'immortalité : *Mignonne, Turlu,
Blanche, Mille* et *Sylvie,* voilà les noms des person-

nages qui ne dédaignaient pas de poser devant lui. Devenu directeur de la manufacture royale des tapisseries de Beauvais, il ne cessa point d'exposer aux seize Salons qui eurent lieu depuis 1737 jusqu'en 1761.

Citons parmi les tableaux que possède le Musée du Louvre *le portrait du marquis de Mirabeau* peint par Aved, qui figura au Salon de 1743, l'année même où furent exposées les quatre statues destinées au *Mausolée du cardinal de Fleury*.

Aved exposait au Salon de 1746 un fort beau portrait de Crébillon, l'aîné, celui qui se vantait d'aimer les animaux depuis qu'il connaissait les hommes, et qui, en vertu de cette prédilection, élevait dans sa maison tous les chats perdus de Paris. On voyait au même Salon le *Benedicite* de Chardin et deux dessus de portes de Natoire : *Cupidon* et *Télémaque*, destinés aux appartements du Dauphin au palais de Versailles.

De la Tour, reçu cette année même à l'Académie, exposait trois portraits au pastel : *Mgr le Dauphin, M. Restout* et *M. Paris de Montmartel,* le Rothschild de l'époque ; quand ce Montmartel mourut, les jets d'eau de son château de Brunoy lancèrent pendant plusieurs jours des flots d'encre en signe de deuil. Son fils qui ne voulait pas être en reste d'originalités avec la mémoire de son père, fut ce fameux marquis de Brunoy qui mourut interdit et pauvre en Angleterre aux premiers jours de la Révolution.

C'est en 1746 que fut exposée cette délicieuse fantaisie de Bouchardon : *l'Amour se taillant un arc dans la*

massue d'Hercule, qu'on plaça l'année suivante à Choisy, au fond d'un petit bois de lilas centenaires, et
dont une reproduction fut faite, par ordre de Marie-
Antoinette, pour le temple de l'amour à Trianon.

« Il y a quelques années, dit l'explication du Salon de
1746, que l'on a vu un petit modèle en terre de cette
figure, accompagnée de la même description ; mais ce
n'était qu'un premier travail qui ne donnait que la pen-
sée. Le modèle qu'on expose aujourd'hui au public est
plus épuré. Tout y est fait d'après nature et c'est sur
ce modèle que la statue de grandeur naturelle s'exécute
en marbre pour le Roi. »

Lorsque s'ouvrit le Salon de 1747, on soumit au jugement des amateurs douze grands tableaux comman-
dés par le Roi pour être reproduits en tapisseries aux
Gobelins : de ce nombre étaient : *Une fête de Bacchus*
par Natoire, *Silène* par Carle Vanloo et *l'enlèvement
d'Europe* par Boucher. Ces tableaux, exposés dans la
galerie d'Apollon, ouverte au public pour la circonstance
obtinrent un véritable succès d'admiration. C'était
comme un retour vers la grande peinture décorative
en faveur au siècle de Louis XIV. Insensiblement l'a-
mour du gracieux et du joli gagnait tous les artistes.
Tel peintre qui eût fait preuve de génie dans une vaste
composition, se contentait d'exposer tous les deux
ans ou un dessus de porte ou un panneau décoratif,
en attendant qu'on en vînt aux tabatières et aux éventails. Boucher, le peintre des grâces, qui, à lui seul,
personnifie si bien cette époque délicate et un peu fri-

vole, Boucher était alors dans toute sa gloire. *Vénus commandant à Vulcain des armes pour Énée* (au Louvre), sa meilleure toile, peut-être, l'avait mis à la mode en 1732. Deux ans après il était reçu Académicien sur la présentation de son tableau : *Renaud aux pieds d'Armide*, et depuis cette époque jusqu'en 1770, année de sa mort, Boucher, qui occupait au Louvre un vaste appartement, ne cessa de reproduire ces mythologies ravissantes dans leur afféterie dont Paris raffolait au siècle dernier. Petits amours, petites nymphes, petits moutons blancs, tout cela est si joli, si frais, si délicat qu'on croirait lire un madrigal de l'abbé de Voisenon ou un chapitre de l'*Art d'aimer*. Boucher exposait en 1747 un tableau ovale représentant *les forges de Vulcain*, destiné à la chambre à coucher du Roi à Marly. Natoire avait mis au Salon un dessus de porte de *forme chantournée*, dit le livret, représentant *une musique pastorale et champêtre*, destiné aux appartements de la Reine. Oudry exposait *un léopard*, peint pour le Roi à la ménagerie de Versailles, et six tableaux des *fables de La Fontaine*, pour les cabinets intérieurs de Mgr le Dauphin. Tout à côté, sous un dais de velours vert, se trouvait *le portrait en pied de la Reine* par Carle Vanloo. Le dais était de tradition et réservé aux portraits du Roi, de la Reine ou des princes.

Un nom nouveau se trouve dans le livret de 1747, un nom qui doit devenir illustre : M. Vernet, agréé, envoie de Rome *deux marines*, et une note manuscrite ajoutée à l'exemplaire du livret que nous avons entre les mains est conçue ainsi : « Excellents tableaux que j'estime, à bien des égards, autant que ceux de Salvator Rosa. »

Ces dernières expositions avaient obtenu un tel succès que l'Académie avait demandé l'autorisation de les rendre annuelles.

Donc en 1748, nouveau Salon. Nattier y mettait un *portrait de la Reine* et celui des *deux dames de France qui sont à l'abbaye de Fontevrault* : *Madame Sophie tenant son voile*, et *Madame Louise tenant des fleurs*.

Dans la petite cour, au bas de l'escalier du Salon se voyait le projet de *fontaine* à élever dans la rue de Grenelle, en souvenir de la guérison du Roi à Metz. Ce projet était de Bouchardon, qui, trois ans auparavant, avait été reçu membre de l'Académie sur la présentation d'un *Christ portant sa croix* qui est aujourd'hui au Louvre.

Les quatre tableaux que Vernet envoya de Rome à ce Salon de 1748 excitèrent un véritable enthousiasme. La foule s'écrasait devant ses deux marines : *un clair de lune* et *un incendie*. Peut-être sera-t-on curieux de lire l'impression d'un critique de l'époque, qui n'est pas avare d'éloges :

« Ce serait peu de vous dire qu'ils sont admirables, ils sont divins. C'est le *nec plus ultra* de l'art. C'est tout ce que nous peut faire produire de plus beau ce génie qui est si nécessaire, et qui, malheureusement, est si rare. Le tableau qui peint l'*incendie* surtout est un chef-d'œuvre des plus parfaits. Je vais essayer de

vous en donner une idée en gros. Soyez persuadés
d'avance que ma description est infiniment au-dessous
des beautés qu'elle représente et regardez-la comme
une très faible copie du plus excellent original :

> « A travers l'épaisseur d'une vaste fumée
> L'œil y voit les débris d'une ville enflammée ;
> On croit ouïr la plainte et les gémissements
> De mille infortunés, dans ces lieux expirants...»

1749. — Grand émoi ! Le Salon, si cher, si précieux
à toutes les personnes qui s'intéressent aux beaux-arts,
n'est point ouvert cette année et vraisemblablement
ne s'ouvrira plus. C'était porter les choses au pire.
— L'Académie, peu satisfaite du résultat qu'avait obtenu son essai de Salons annuels, avait reporté à 1750
l'exposition suivante. Ce fut une tempête : la peinture
se meurt, la peinture est morte ! Les uns attribuaient
cette absence de Salon à la pauvreté de travail de
MM. les Académiciens, les autres à la vivacité des cri_
tiques parues l'année précédente. Le petit avertissement
suivant, placé en tête du livret de 1750, vint calmer
les esprits.

« Le Roi ayant ordonné qu'il y eût cette année une
exposition publique des ouvrages différents de son
Académie royale de peinture et de sculpture, les artistes qui composent cette Académie ont fait leurs efforts,
pour qu'elle parût mériter, au moins par son zèle, la
protection dont l'honore Sa Majesté. »

Delobel expose deux tableaux allégoriques:

N° 95. *Sur la paix générale conclue et signée à Aix-la-Chapelle*, le 18 octobre 1748, et publiée en février 1749. — N° 96. *Autre sujet allégorique et historique concernant la maison de la Tour d'Auvergne.*

Oudry figurait au Salon avec son *combat de coqs* qui est au Louvre, et Boucher avec une *nativité* pour la chapelle du château de Bellevue.

Bellevue, Choisy, Brimborion, Louveciennes, voilà les Versailles de ce grand siècle en raccourci. Là où Louis XIV eût fait une antichambre, Louis XV se taille un logement complet. Au lieu de grandes épopées se déroulant au plafond des vastes galeries de marbre et de glaces, il faut de mignons panneaux de boudoirs où les amours donnent la chasse aux papillons. Boucher, Vanloo, Lancret, Fragonard peuplent ces palais en miniature. En 1751, Oudry expose *dix-sept tableaux de chasse* destinés à Choisy, Athis ou la Muette. Falconnet sculpte pour le château de Bellevue sa belle statue de *la musique*, qui, aujourd'hui réfugiée au Musée du Louvre, porte encore les traces des blessures qu'elle a reçues au sac du château en 1792. La plupart de ces tableaux qui figurèrent aux expositions du XVIII° siècle furent encore moins bien traités. Combien de ces œuvres d'art ont disparu dans la tourmente révolutionnaire? Croyez-vous que le patriote qui acheta pour quelques mille livres le château de Choisy, et qui se mit à le démolir pour en vendre les pierres, était doué d'un grand sens artistique? Et puis il fallait détruire avant tout, détruire surtout le souvenir. Pensez donc! ce devait être une atteinte mortelle à la monarchie qu'un bon coup de hache au milieu d'une toile de Boucher!

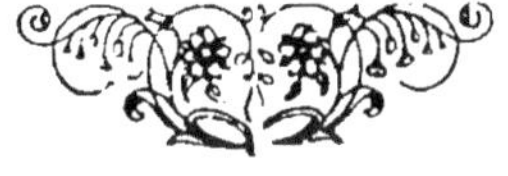

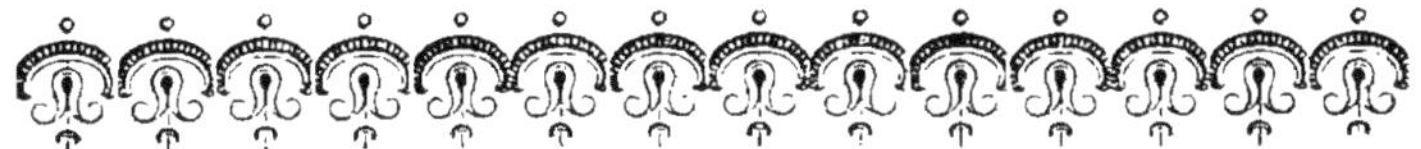

IV

LE SALON SOUS LOUIS XV

(Suite)

Les Ports de France, par Vernet. — Pastels de la Tour. —
Greuze. — Son différend avec l'Académie. — Son tableau de
réception. — Chardin. — Le Grand Frédéric. — Le *Voltaire* de Houdon. — Lantara. — Les plafonds de la galerie
du Louvre.

C'EST vers le milieu du XVIIIᵉ siècle, que Joseph
Vernet, revenu d'Italie et reçu membre de l'A-
cadémie de peinture, commença la longue série
des ports maritimes de France. La plupart de ces tableaux, qui figurèrent aux Salons de peinture de 1755 à
1764, appartiennent aujourd'hui au Musée du Louvre.
Par ordre du Roi, chacun de ces tableaux devait être
payé 6,000 livres à l'auteur; en revanche, il s'enga-

geait à peindre, en l'espace de dix ans, un certain nombre de vues entièrement faites d'après nature, et à suivre, pour cette étude, l'itinéraire suivant, dressé par M. de Marigny : *Monaco, Antibes, Toulon, Marseille, Cette, Bandol, Bayonne, Bordeaux, Rochefort, l'île d'Aix, la Rochelle, le Port-Louis, Lorient, Brest, Saint-Malo, le Havre* et *Calais*. On voit que Vernet n'exécuta point tous les tableaux qu'il avait projetés.

L'admiration qu'avaient provoquée ses premiers ouvrages ne se ralentit pas de longtemps. Le *Mercure* parle ainsi de la *rue de Rochefort* et de celle de *La Rochelle* exposées en 1763 : « Nous n'avons pas d'expression, et il serait difficile d'en trouver pour rendre toute l'admiration qu'on a donnée aux ouvrages exposés par M. Vernet, et pour en célébrer le rare mérite. Ils consistent en deux grands tableaux, l'un représentant le *port de Rochefort* et l'autre celui de *La Rochelle*. Dans l'un et dans l'autre, se trouve réuni tout ce qu'a jamais produit et tout ce que pourra produire le prestige de la peinture. »

Et au Salon suivant :

« Il n'y a pas de morceau dans le Salon qui ait été admiré d'une manière plus unanime que la *rue du port de Dieppe* de M. Vernet. »

Une note manuscrite ajoutée au livret de 1755 nous apprend que dans la *rue de Marseille*, « l'auteur a peint sur le devant, le portrait d'un homme qui a présentement cent dix-sept ans et qui jouit d'une bonne santé. Il se nomme Annibal et est né en 1638 ».

Hélas! cet enthousiasme devait prendre fin. Vernet
vécut assez longtemps pour entendre fredonner sur
l'air du *menuet d'Exaudet* :

> « De Vernet,
> On connait
> Les ouvrages :
> La nuit, le soleil levant,
> Le midi, le couchant,
> Le calme et les orages,
> Des vaisseaux
> Sur les eaux, etc.
>
> . . . .
>
> Sa vigueur,
> Sa fraicheur
> Est extrême.
> Quel dommage, cependant,
> Que Vernet soit si souvent
> Le même! »

La Tour continuait la série de ses beaux portraits
au pastel. En 1753, il avait exposé ceux de :

M. de Bachaumont,

M. Duclos,

L'abbé Nollet,

M. de la Condamine,

M. Dalembert,

M. Rousseau, citoyen de Genère.

L'année suivante, il donnait à l'exposition le grand
Portrait de Mme de Pompadour, qui se trouve aujour-
d'hui dans une des salles du Musée du Louvre. La
belle marquise aux cheveux poudrés a, près d'elle, un

des volumes de *l'Encyclopédie*. Ce portrait obtint, pendant la durée de l'exposition, sinon les honneurs du dais, ceux du moins de la *balustrade,* qui était réservée, suivant l'étiquette, aux seuls princes du sang de France.

Il se passait alors, dans les coulisses de l'Académie, une petite comédie intime qui amusait fort les initiés. Un jeune peintre de trente ans, du nom de Jean-Baptiste Greuze, avait donné au Salon de 1755 un si remarquable tableau de l'*Aveugle trompé,* qu'il fut immédiatement compté au nombre des Académiciens. D'après un ancien règlement, le nouvel élu devait offrir à l'Académie ce qu'on appelait son morceau de réception. Pourtant Greuze ne se pressait pas. Parti pour l'Italie, il envoyait régulièrement une ou deux de ses œuvres au Salon de peinture, mais à l'Académie elle-même, rien. Celle-ci trouva le procédé sans façon, et après avoir attendu quelques années, elle refusa les tableaux que Greuze avait l'intention d'exposer. Une lettre de l'époque, datée de 1767, contient ces quelques lignes :

« Le Salon a ouvert le 25. En général, il a paru nombreux et peu riche. Aucun morceau de Pierre, de Boucher, de Greuze. On ignore la raison des deux premiers. Quant au dernier, l'Académie s'y est opposée. Elle a voulu punir son amour-propre. Depuis onze à douze ans qu'il est agréé, il n'a pas voulu encore donner son chef-d'œuvre qu'il faut fournir dans les six mois. On a commencé à lui infliger

cette peine, et s'il s'obstine à ne pas suivre les règles,
on se portera à quelque châtiment plus fort. »

Force fut donc à Greuze de s'exécuter. Il exposa, en
1769, son morceau de réception : *Sévère reproche à
Caracalla, son fils, d'avoir voulu l'assassiner, et lui
dit : Si tu désires ma mort, ordonne à Papinus de me la
donner avec cette épée.* Le tableau est aujourd'hui au
Musée du Louvre. Soit effet de l'attente, soit faiblesse
réelle de l'œuvre, l'ouvrage de Greuze fut accueilli par
des cris d'indignation. « M. Greuze, agréé depuis du
temps, a présenté à l'Académie son tableau de réception. L'Académie ne l'a pas accepté; il en appelle au
public, et le public confirme hautement la décision de
l'Académie. On dit à M. Greuze : *In propriâ pelle
quiesce.* Vous êtes vrai dans le simple, sublime dans
le naïf; mais le genre héroïque vous est étranger. Il
vous va si peu, que, voulant en essayer, vous y avez
même fait le plus mauvais des choix. Un homme de
génie (1) vous avait indiqué *la mort de Brutus.* C'était là
du moins un trait net et concis. Vous avez mieux aimé
déterrer vous-même un événement presque ignoré. Et
d'ailleurs, quelle est l'exécution ? ni composition, ni
dessin. Les têtes copiées, d'après des médailles, ont la
dureté et le ton du cuivre. »

Greuze, paraît-il, était d'un naturel assez difficile,
et fort orgueilleux. Sans briser pour cela ses pinceaux,
il ne voulut plus paraître à l'Académie, et cessa d'ex-

(1) Diderot.

poser jusqu'au jour où la Révolution ouvrit à tous les artistes les portes du Salon. Mais alors son temps était passé. L'attention n'était plus aux charmes un peu naïfs de *la Cruche cassée*, et Greuze mourut dans la misère au commencement de l'empire, implorant en vain des commandes, et regrettant les vingt années de gloire qu'il avait sacrifiées à un dépit d'amour-propre.

Chardin, le peintre délicat des natures mortes et des tableaux de genre, appartient tout entier à cette époque. Il fut l'un des fidèles exposants du siècle dernier, et ses œuvres figurèrent aux dix-neuf Salons qui eurent lieu de 1737 à 1779. Son premier tableau avait été une enseigne. Il y avait peint, pour un chirurgien, un homme blessé qu'on entoure et qu'on panse. Quelques années plus tard, l'ambition lui étant venue, il exposa à la place Dauphine quelques tableaux de natures mortes qui excitèrent l'attention des Académiciens.

Il fut reçu le 25 septembre 1728, et offrit, comme morceau de réception, deux tableaux qui sont aujourd'hui au Louvre : *Un intérieur de cuisine, et des fruits sur une table de pierre.* Le livret de 1765 porte aux numéros 49, 46 et 47 : « Par M. Chardin, conseiller et trésorier de l'Académie, un tableau représentant *les attributs des sciences*, un autre *ceux des arts*, le troisième *ceux de la musique*, destinés aux appartements de Choisy. »

A la lecture du livret des expositions du XVIIIe siècle,

on voit passer devant soi, comme dans un tableau mécanique, toute cette époque si française et si brillante.
Les portraits de tout ce qui a un nom en Europe y
sont exposés tour à tour. Carle Vanloo y présente *le
Roi de Prusse en pied* (1769), et nous trouvons au sujet de ce tableau une note manuscrite assez intéressante :

« L'admiration qu'a excitée au Salon le portrait du
Roi de Prusse a fait fermenter les beaux esprits. Plusieurs ont fait des vers à ce sujet. Voici un quatrain
composé par M. Bacon qu'on trouve le plus juste et
le moins indigne de ce grand Roi :

> « Si ce roi conquérant, fameux par mille exploits,
> Apprit à ses sujets le grand art de la guerre,
> En prince, en philosophe, il leur dicta des lois.
> Régner, c'est éclairer la terre. »

Voltaire, vers la fin du siècle, figure presque à
chaque livret, jusqu'à ce que Houdon ait définitivement
fixé ses traits dans cet admirable marbre qui se trouve
au foyer de la Comédie-Française, et que de Maistre
ne pouvait regarder sans terreur. On raconte que
Houdon avait reçu de la nature une si puissante faculté
de faire vivre ses statues, qu'ayant sculpté un *Saint
Bruno* pour une église de Rome, le pape Innocent III
s'écria en le voyant : « Si la règle de son ordre ne lui
prescrivait le silence, je suis sûr qu'il parlerait. »

En 1771 paraît le charmant buste de *la comtesse du
Barry* (1), qui inspire ces vers :

(1) Aujourd'hui au Louvre

> Sur ce buste parfait, qu'avec avidité
> Tout le monde regarde et vante la beauté,
> Que j'aurais de choses à dire,
> Mais je suis muet quand j'admire (1) ·

Il faut citer encore en sculpture : *le Fleuve* de Caffieri, 1759. *Le Prométhée* de Sébastien Adam, 1762. *Le Pâris* de Fr. Gillet, 1757. *La Judith* de la Datte, 1741. La charmante *Baigneuse* de Falconnet, et surtout *la Diane* et *la Vénus* d'Allegrain, qui, à demi cachées sous un sombre rideau de lierre, gardaient le vestibule de marbre blanc du petit pavillon de Luciennes.

Et que de noms encore avons-nous oubliés ! Fragonard exposait en 1765 ses deux tableaux de *Calirhoë* (pour les Gobelins) et de *Corèsus se sacrifiant pour sa fille*. Bachelier peignait, pour la même exposition, *Cimon allaité par sa fille dans sa prison*. En 1763, Drouais donne le *portrait de Charles-Philippe de France*, et Favray *les dames de Malte se rendant visite* (ces deux tableaux sont au Louvre). Therbousch, en 1767, expose : *Un homme éclairé par une lampe et tenant un verre de vin*. Et le beau tableau de Carle Vanloo : *l'Exercice des Amours*, et les grandes *batailles de Casanova*, exposées en 1771. Pour d'autres, comme pour Lantara, la gloire est venue trop tard. — Lantara est un des rares exemples de ces peintres de talent, et pourtant incompris, que l'Aca-

---

(1) *La Muse errante au Salon*, 1771.

démie refusait d'admettre au nombre de ses membres. Aucun de ses tableaux ne figura aux Salons du siècle dernier.

Nous trouvons encore dans le Louvre même, au plafond de la galerie d'Apollon, tout à côté de la grande œuvre de Charles Le Brun, plusieurs tableaux qui figurèrent aux expositions du temps de Louis XV. *L'Automne ou le Triomphe de Bacchus*, par Taraval, Salon de 1769. *L'Été ou Cérès et ses compagnes*, par Durameau, morceau de réception, 1775. — *L'Hiver ou Éole déchaînant les vents*, par Lagrénée, 1774.

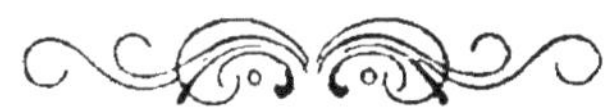

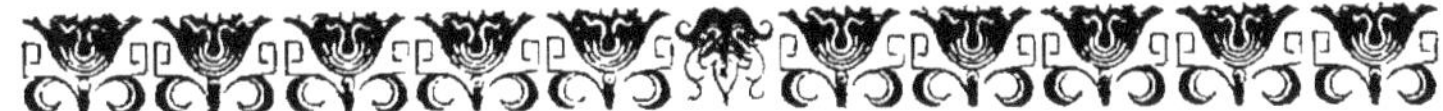

V

PHYSIONOMIE DU SALON

La place du Louvre. — Le café d'Albau. — La cour de la
Reine — Mme Hardouin, marchande de livrets. — Coup d'œil
général. — Le galetas du Louvre. — Remarque d'un habitant
de la lune. — Jérôme et Marie-Jeanne. — Le public. — Modes.
— Les visites princières. — *Les Grâces* de Carle Vanloo.
— Une lettre de Pierre. — Le Salon voyage. — Quelques
chiffres.

Essayons à présent, de donner au lecteur une
vue d'ensemble d'un Salon de peinture au siècle
dernier. La rue Froidmanteau nous conduit du
Palais-Royal à la place du Louvre, place assez irré-
gulière, formée d'un côté par des dépendances et des
communs sans caractère architectural, et de l'autre par
l'énorme façade noire et nue, du pavillon central du
vieux Louvre, surmonté de son dôme d'ardoises. Cette
partie du palais, aujourd'hui nommée pavillon de

Sully, était défendue par un large fossé et contenait au premier étage la façade du Louvre. Au fond de la place, à l'endroit même où nous voyons à présent le porche muré du pavillon Daru, se trouve l'entrée de la petite cour de la reine, qui, par un passage pratiqué sous la galerie d'Apollon, donne accès au jardin de l'Infante (1).

La place du Louvre est encombrée de ces énormes carrosses, larges et bas, qu'affectionnaient nos pères. Il est midi, heure à laquelle la foule commence à affluer au Salon, bien que les portes en soient ouvertes dès dix heures. — « Pourquoi pas à six heures du matin?... » s'écriait un enthousiaste (2). — Juste en face de l'entrée du Salon, au coin de la rue de Beauvais, quelques tables au bord du ruisseau, c'est le café d'Albau, qui, pendant toute la durée de l'exposition, fait concurrence au café Foy (3). Sur la place, un fourmillement de perruques à frimas, de robes à traînes, de valets en grande livrée, à peine peut-on se frayer un passage à travers la foule qui forme queue à la porte de l'exposition.

« Pourquoi donc ce cocher arrête-t-il dans la place, et qu'il ne nous conduit pas jusqu'à la porte? Que de monde à traverser... tout ce chaos de voitures et de populace! Je vais être excédée de fatigue! Eh! mon

(1) Plans de Blondel.
(2) *Entretiens sur les tableaux.*
(3) *Promenades de Critès au Salon.*

ami, dites-donc à ce cocher qu'il avance. — Eh ! mais, chère amie, voulez-vous qu'il passe sur le corps de cinq cents personnes et d'une quantité de voitures? Donnez-vous patience, elles défileront et nous passerons à notre tour (1). »

Nous arrivons dans le vestibule, haute et large voûte qui sépare la place du Louvre de la cour de la Reine. A droite, sur des tables volantes (2), le libraire Le Comte étale tous les livrets, toutes les brochures, tous les vaudevilles parus à l'occasion du Salon : un déluge, dit Mercier. — « Ce qu'il y a de plus étonnant, ajoute un chroniqueur, c'est que l'Académie, qui a le droit de veiller à l'impression des ouvrages qui la concernent, laisse vendre ces pamphlets à l'entrée du vestibule qui conduit au Salon (3). » Là, se tiennent assis et s'offrent aux étrangers, ces intrigants qui profitent de tout pour gagner de l'argent. « Ils assurent tous les passants qu'ils se connaissent beaucoup en peinture, et que, pour vingt sous, ils vont leur faire distinguer les bons tableaux des médiocres et leur chanter les couplets qui ont été faits sur quelques-uns d'eux. Quand ils trouvent des gens qui veulent les écouter, ils montent avec eux (4)... »

Enfin, nous voici dans la cour. Depuis quelques années on y expose les ouvrages de sculpture, qui, du

(1) *Entretiens sur les tableaux exposés*, 1783.
(2) *Observations philosophiques*, 1785.
(3) *Observations philosophiques*, 1785.
 Ah ! ah ! encore une critique, 1779.

reste, ne sont pas fort nombreux. La cour est sombre, enfermée entre les murs des hauts bâtiments du palais. A droite, le logement de Philippeaux, concierge de l'Académie, qui garde les armes et les paquets. Au fond, une porte qui donne accès à l'exposition. Au bas de cet escalier, Mme Hardouin vend les livrets.

LA MARCHANDE DE LIVRES.

« Monsieur! prenez un petit livre
Ce n'est pas cher, c'est douze sous.

THIBAUT.

Est-c' que vous vous gaussez de nous,
... Croyez-vous que je soyons ivre!

LA MARCHANDE.

Ce livret sert pour vous instruire
Des sujets des tableaux que vous verrez ici,
Des dessins, des marbres aussi.

CLAUDINE, *bas à Thibaut.*

Prends toujours, on croirait que tu ne sais pas lire (1). »

Montons lentement, car la foule est grande, l'escalier fort simple que nous représente une petite gravure intercalée dans une brochure du temps (2) et remplacé depuis 1781 par un autre, très spacieux, « laissant plus de place aux bouffants et aux culs-de-singe de nos dames (3) ». Contre la rampe de fer forgé, se tient un

(1) *Momus au Salon*, 1783.
(2) *Le Salon*, 1753.
(3) *La Muette qui parle au Salon de* 1782

suisse en grand costume et armé de sa hallebarde. Il
ne quitte son imposante et solennelle immobilité que
pour calmer, d'un geste sobre et digne, les amateurs
trop pressés, qui, en montant l'escalier, organisent des
poussées dans la foule. Le suisse franchi, nous sommes au terme de notre voyage.

« Le Salon du Louvre, dit Mercier, est peut-être la
pièce la plus régulièrement vaste qui existe dans aucun
palais d'Europe. On y accourt en foule. La poésie et la
musique n'obtiennent pas un aussi grand nombre d'amateurs. Les flots du peuple, pendant six semaines entières,
ne tarissent pas du matin au soir. Il y a des heures où
l'on étouffe. On y voit des tableaux de dix-huit pieds de
long qui montent dans la voûte spacieuse et des mi-
niatures larges comme le pouce à hauteur d'appui. Le
sacré, le profane, le pathétique, le grotesque, tous les
sujets historiques ou fabuleux y sont traités et pêle-
mêle arrangés. C'est la confusion même ; les spectateurs
ne sont pas plus bigarrés que les objets qu'ils contem-
plent. Un badaud prend un des personnages de la fable
pour un saint du paradis, Typhon pour Gargantua,
Caron pour saint Pierre, un satyre pour un démon et
l'arche de Noé pour le coche d'Auxerre. Eh bien ! ce
peuple qui n'a aucune connaissance en peinture, va par
instinct au tableau le plus vrai, il ne le manque pas.
C'est qu'il est juge de la vérité, du trait naturel, et tous
ces tableaux sont faits pour être jugés en dernier res-
sort par l'œil du public.

« Ce qui fatigue et quelquefois révolte, c'est de trouver

là une foule de bustes, de portraits d'hommes sans nom ou le plus souvent exerçant des emplois antipopulaires. Que nous fait la figure de ces financiers, de ces traitants, de ces premiers ou seconds commis, de ces dolentes marquises, de ces inconnues comtesses, de ces présidentes nulles qui ont les joues enluminées, car il faut peindre les femmes avec leur rouge, il faut même les faire rire, de sorte que le Salon a l'air d'une assemblée de fous grotesquement habillés qui se rient au nez et se moquent les uns des autres. Puis ces visages semblent dire : « J'ai payé par orgueil, pour être ici sur « la toile ou en marbre. » Toutes ces physionomies, que rien ne fait sortir du cercle vulgaire, méritent-elles cette distinction? Elle ne devrait être accordée qu'aux personnes distinguées par leurs vertus, leurs talents ou par des services rendus à la patrie (1). »

Il n'est pas sans intérêt de rapprocher cette première vue du Salon que nous a laissée le misanthrope Mercier d'une autre caricature, non sans mérite, que les indiscrétions de ruelles attribuaient à M. de Villette, le mari légendaire de *Belle-et-Bonne* :

> « Il est au Louvre un galetas
> Où, dans un calme solitaire,
> Les chauves-souris et les rats
> Viennent tenir leur cour plénière :
> C'est là qu'Apollon sur leurs pas,
> Des beaux-arts ouvrant la barrière,

(1) *Tableau de Paris.*

Tous les deux ans tient ses états
Et vient placer son sanctuaire ;
C'est là, par un luxe nouveau,
Que l'art travestit la nature,
Le ridicule est peint en beau,
Les bonnes mœurs sont en peinture,
Et les bourgeois, en grand tableau,
Près d'Henri-Quatre en miniature.
Chaque figure à contre-sens
Montre une autre âme que la sienne ;
Saint Jérôme y ressemble au Temps
Et Jupiter au vieux Silène.
Ici, la fille des Césars
Dans nos cœurs trouvant son empire,
Semble refuser aux beaux-arts
Le plaisir de la reproduire,
Tandis qu'un commis ignoré,
Narcisse amoureux de lui-même,
Vient dans un beau cadre doré
Nous montrer son visage blême.
Ici l'on voit des ex-voto,
Des amours qui font des grimaces,
Des caillettes incognito,
Des laideurs qu'on appelle grâces,
Des perruques par numéro,
Des polissons sous des cuirasses,
Des inutiles de haut rang,
Des imposteurs de bas mérite,
Plus d'un Midas en marbre blanc,
Plus d'un grand homme en terre cuite,
Jeunes morveux bien vernissés,
Vieux barbons à mine enfumée ;
Voilà les tableaux entassés
Sous l'hangar de la Renommée ;

> Et, selon l'ordre et le bon sens,
> Tout s'y trouve placé de sorte,
> Qu'on voit l'abbé Terray dedans
> Et que Sully reste à la porte. »

Un coup d'œil, d'abord, à la salle. Vous la connaissez, elle est devenue le salon d'honneur de notre musée national, celle qu'on appelle le salon carré. Cinq grandes fenêtres ouvertes sur le quai du Louvre y laissent pénétrer le soleil et la gaieté. Le plafond lumineux qui leur succédera en 1789 ne les remplacera à ce point de vue que bien imparfaitement. Les tableaux sont placés tout autour de cette vaste salle, sans aucun ordre apparent. Une large tablette, garnie d'une draperie verte, à franges, formant cimaise, règne sur le pourtour du Salon.

On y étouffe, dit Mercier ; on y court risque de la vie, ajoute un critique (1), qui, dans son compte rendu, éprouve le besoin de narrer ainsi ses infortunes : « J'étais dans cette attitude, lorsque je me sentis apostropher d'un coup dans l'estomac qui m'alla faire donner de la tête contre la porte qui s'ouvrit inopinément, et voilà Critès les quatre fers en l'air, au beau milieu de la galerie d'Apollon. »

N'y a-t-il pas là de quoi justifier cette question d'un habitant de la lune (2), qu'un Parisien de l'époque, le cousin Jacques, avait conduit au Salon. « Est-ce que

(1) *Promenade de Critès.*
(2) *Le Cousin Jacques hors du Salon de 1787.*

tous ces gens que je vois ici sont des connaisseurs ?
— Oui, tous des connaisseurs, répond le spirituel
cousin, vous voyez qu'il y a beaucoup de connaisseurs
à Paris, car on étouffe dans la foule des connaisseurs.
Si du moins on laissait reposer un peu nos connais-
sances! Mais elles sont ici si serrées, si pressées, si con-
fondues les unes parmi les autres qu'elles se réduisent
à zéro. »

Notez que tout ce monde a ses habitudes, ses
manies dont vous retrouvez les traces en feuilletant les
mémoires du temps.

Voulez-vous l'avis d'un homme du peuple (1), un
peu fourvoyé, semble-t-il, dans cette foule élégante et
maniérée :

JÉROME.

« Montons, j' m'en vas ach'ter un livre
Et vous expliquer les tableaux.

MARIE JEANNE.

Vous m' confusez par vos cadeaux.

JÉROME.

Finissez donc, c'est un' misère;
— Un liv', s'il vous plait, la p'tit mère !
— Tenez, Monsieur, — Combien? — douz' sous.
Les v'là. — Merci. — C'est qu' voyez-vous,
Marie-Jeann', ça donn' un' tournure :
Un queuq'z'un qu'est dans la lecture
A plutôt l'air d'un connaisseur
Qu'un aut' qui sait tout ça par cœur... »

(1) *Relation de la conversation de Marie-Jeanne..*, 1787.

Et plus loin :

> « D'abord on n' s'rait pas du bon ton
> Si l'on n'avait pas vu l' Salon ;
> Qu'on s'y connaisse ou non, qu'importe :
> On a son carrosse à la porte,
> La main dans cell' d'un beau ch'valier,
> On fait « frou-frou » dans l'escalier,
> On fait cercle dans la cohue,
> Et, comm' faut avoir la berlue
> Quand on veut passer pour quelqu'un,
> La loup' sur l'œil on se promène,
> On dit : que c' peuple est importun !
> On lorgne, on pousse, on se démène,
> En r'gardant bien moins les tableaux
> Que l' bataillon d'originaux
> Que le même dessein amène. »

Toutes ces miettes du passé nous ont paru intéressantes à recueillir. Grâce aux écrits de toutes sortes qui fourmillaient à l'époque du Salon, et qui, tous, sont devenus fort rares aujourd'hui, on voit revivre un coin de ce passé, déjà si loin de nous, dont les souvenirs ont je ne sais quel charme attendrissant malgré leur gaieté si franche et si parisienne.

Deux gravures, assez répandues, nous ont laissé une vue exacte des Salons de 1785 et 1787 : Les femmes sont là avec leurs coiffures exorbitantes, si élevées qu'elles interceptent la vue. Le directeur de l'Opéra n'avait-il pas affiché, en novembre 1778, un règlement particulier pour l'amphithéâtre, suivant lequel on ne pouvait s'y placer qu'avec une coiffure d'une hauteur

modérée. Celles qui n'ont pas encore frété un vaisseau ou planté un jardin chinois dans leur chevelure
se contentent de porter des chapeaux à la Caisse d'es-
compte, c'est-à-dire des chapeaux *sans fonds*, comme
cette caisse. Elles se promènent avec leurs vastes et
embarrassants paniers, qui, sur un signe de Versailles,
devaient tomber en un jour et être remplacés par de
minuscules paniers appelés *poches*.

« Quant aux hommes, vous les voyez la loupe à la
main, l'épée au côté, le chapeau sous le bras, vêtus de
l'habit français galonné ou brodé ; leurs cheveux sur
leur dos sont réunis dans un sac de taffetas noir
qu'on appelle bourse ; leur tête est enfarinée de pou-
dre. Ils sont chaussés de minces souliers couverts
d'une forte boucle, qui ressemble à celle des harnais
de voitures ; deux chaînes de montre, terminées par
une infinité de breloques, s'agitant avec bruit, descen-
dent fort bas sur l'une et l'autre cuisse (1). »

Tout ce monde se cherche, s'évite, se salue. Parfois la foule se range, un silence se fait. Le suisse
frappe quelques coups du manche de sa hallebarde...
Un homme important, un grand seigneur, un personnage quelconque vient d'entrer. Ces visites n'étaient
point rares : Colbert ayant au siècle précédent donné
l'exemple, les ministres honorent chaque année le Salon
de leur présence.

En 1763, la foule se portait surtout devant un grand

(1) Dulaure. *Tableau moral de Paris sous Louis XVI.*

tableau de Carle Vanloo, représentant *les Trois Grâces enchaînées de fleurs par l'Amour.*« Le coloris, dit un critique, en est des plus brillants ; on a seulement trouvé les figures un peu flamandes, on les eût désirées plus sveltes ; il se répand à ce propos un mot de Mme la marquise de Pompadour qui désole M. Vanloo sur cet ouvrage. Celui-ci l'escortait. Quelqu'un dit à Mme de Pompadour, qui paraissait négliger le tableau de M. Vanloo : « Madame, vous ne faites pas attention à ces Grâces ?... — Ça des grâces !... dit dédaigneusement la *virtuose*, ça des grâces... » et fait en même temps une pirouette pour aller plus loin voir les *Citrons de Javotte.*

« L'artiste humilié s'approche humblement et lui dit : « Madame, je les referai... »

Et la légende rapporte que Vanloo, l'exposition finie, brûla ce tableau qui n'avait pas eu l'heur de plaire à la jolie reine qui trônait à Choisy et à l'Élysée (1).

Une lettre de Pierre, le secrétaire de l'Académie, adressée à M. d'Angivillier, nous raconte ainsi la visite que fit à l'exposition Madame Élisabeth, le 26 août 1783 :

« Monsieur,

« A dix heures et demie du matin, l'on m'annonce l'arrivée de Madame Élisabeth. Une demi-heure après,

---

(1) *Les Misotechniques aux enfers.*

j'entends le bruit des chevaux qui précèdent. Madame descend, accompagnée de Madame Élisabeth... et vous n'arrivez point. J'ai fait de mon mieux pour être à l'ordre ou à la curiosité du moment et ne pas être incommode. Madame Élisabeth est descendue la première, et j'ai été assez inquiet en voyant descendre Madame Élisabeth sans écuyer.

« Je m'étais chargé de livrets. Je me suis offert d'en épargner la lecture, en sorte qu'occupé du plus pressé, je n'en ai point distribué, et, dans l'instant libre, j'avais été prévenu, toutes les dames en avaient à la main. Personne peut-être que moi n'a pensé à cette inadvertance.

« Madame, comtesse d'Artois, est venue pendant l'examen et a sorti avec Madame (1). »

Il est facile de voir au ton troublé de ce billet que Pierre se sentait peu au fait de l'étiquette guindée de la cour. La chose est certaine : ces visites l'intimidaient fort; et pourtant, il en avait vu bien d'autres !... Mgr le Dauphin, fils de Louis XV, avait eu, en 1765, un caprice princier. Travaillé de l'envie bien légitime de connaître l'exposition, Son Altesse exprima le désir d'en faire amener chez elle les principaux tableaux. Il eût peut-être été plus simple de se transporter soi-même à Paris ; mais il paraît que cette idée ne lui vint pas. Bref, voilà le Salon en route pour Versailles. Cela gênait bien un peu ces Messieurs de l'Académie, mais

(1) *Notes et documents inédits*, Guiffrey.

allez donc résister à un caprice quasi-royal. On ris-
quait de se faire dissoudre, ni plus ni moins qu'un simple parlement. Donc, chaque matin, le Dauphin trouvait
dans son antichambre une exposition en miniature à
laquelle il prenait grand plaisir. Au bout d'un mois, le
Salon presque entier avait fait le voyage et Monseigneur
se déclara satisfait. Évidemment il goûtait fort cette
nouvelle manière de visiter l'exposition ; mais comme
il mourut l'année suivante, il ne put s'offrir une seconde
fois cet agréable passetemps et les tableaux durent
renoncer à être présentés à la cour.

Un peu de chiffres pour terminer : les archives de
l'Académie nous ont conservé quelques mémoires des
dépenses occasionnées par les expositions. Les sommes totales varient peu et un exemple suffira.

Mémoire des frais faits pour le Salon de 1765,
par Deschamps, et payés par l'Académie(1).

Pour 24 livres de cordes à 12 s. la livre.   14 l.   8 sols.
Pour 24 livres de chandelle à 11 s. la
     livre, et 6 terrines à 12 s. fournies
     aux Suisses pour la garde.   16   16   —
Pour deux balais de plumes, dont un
     grand et un petit.   5   12   —
Pour le raccommodage d'une grande
     échelle.   2   8   —

(1) *Notes et documents inédits.*

Pour trois livres de petits clous à 12 sols
la livre. . . . .   1 l. 16 sols.
Pour avoir changé de place le portrait
de Mme la marquise de Pompadour
pendant une nuit, employé 6 hommes.   24   »   —
Pour le chevalet et la balustrade qui
était autour dudit tableau.   67   »   —
Pour le garçon menuisier. . . . .   »   12   —
Pour 12 journées que j'ai employées au
Salon, à 4 l. par jour.   48   »   —
Pour 10 journées de trois hommes, à
3 l. chacun.   90   »   —
Pour le garçon du garde-meuble. . . .   »   12   —
Pour avoir houssé les tableaux.   6   »   —
Pour 3 journées de 3 hommes, à chacun
3 l. par jour, pour avoir défait le
Salon.   27   »   —
Pour 3 journées à Deschamps, à 4 livres
par jour.   12   »   —

           Total. . . . . . 316 l. 4 sols.

Sur le compte de l'année 1759, nous notons ces
deux articles :
Pour avoir été chercher et rapporter les échelles au
Roule . . . .   6 l. » sols.
Pour le garde-cloux, cordes..., etc. . .   6   »   —
Que dites-vous de ce fonctionnaire ? *le garde-cloux !*
6 livres. Franchement, c'est bien payé.

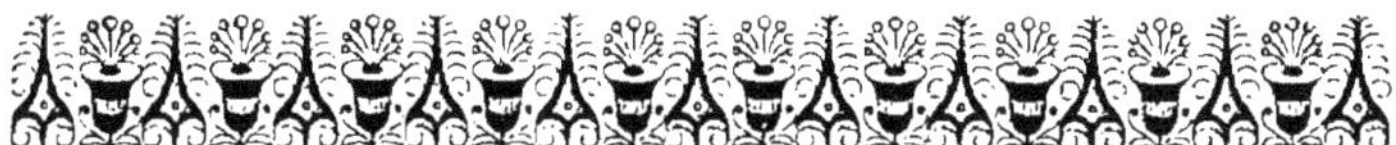

VI

LE SALON SOUS LOUIS XVI

L'EXPOSITION de 1775 eut lieu, suivant l'usage consacré par les deux précédents règnes, le jour de la Saint-Louis. Elle s'ouvrit par conséquent le 25 août pour n'être close que le 25 septembre suivant. Vien avait consenti à se charger de l'arrangement du local, sans qu'aucun honoraire fût attribué à cette tâche. — L'année suivante, invitation était faite à la commission d'examen, d'apporter toute l'attention possible dans l'examen des œuvres, et « de veiller à ce qu'on respecte la décence ». Ce qui laisse à supposer que les tableaux de piété n'étaient point les seuls qui fussent présentés à l'Académie.

Aux huit expositions qui eurent lieu au Louvre sous le règne de Louis XVI, deux peintres surtout attirent la foule. C'est David et Mme Lebrun.

« Lorsque quelqu'un annonce qu'il arrive du Salon (2), on lui demande d'abord : Avez-vous vu Mme Lebrun ? — Que pensez-vous de Mme Lebrun ? — Et en même temps on lui suggère sa réponse. N'est-il pas vrai que Mme Lebrun est une femme étonnante ? Elle n'est que depuis quelques mois reçue Académicienne d'emblée, suivant le privilège de son sexe.

« Au reste, continue Bachaumont, ce qui n'a pas peu contribué à étendre la réputation de Mme Lebrun, c'est que c'est une jeune et jolie femme, pleine d'esprit et de grâce, bien accueillie, voyant la meilleure société de Paris et de Versailles, donnant des soupers fins aux artistes, aux auteurs, aux gens de qualité. Il n'a fallu rien moins que des protections aussi puissantes pour lui faire franchir les barrières de l'Académie, où, malgré son mérite, elle n'aurait point été admise à raison de son mari, dégradant l'art par des manœuvres mercantiles, cause essentielle d'exclusion. » M. Lebrun était brocanteur de tableaux, et avait installé dans les salles de l'hôtel Cléry, rue du Gros-Chenet, une sorte

____

(2) *Mémoires secrets.*

de Salon libre sous le nom d'*Exposition de la jeunesse*.

Mme Lebrun était membre des Académies de Paris, de Rome, d'Arcadie, de Parme, de Bologne, de Saint-Pétersbourg, de Berlin, de Genève, de Rouen et d'Avignon. Dans sa vieillesse, elle se vantait d'avoir peint 662 portraits, 15 tableaux d'histoire et plus de 200 paysages. Ses traits charmants sont devenus populaires. Elle était si jolie, qu'un jour on trouva ces vers écrits à la main sur le cadre de son tableau : *Vénus liant les ailes de l'Amour*, exposé en 1783 :

> « Pour nous peindre Vénus si belle,
> Vraiment, je ne puis concevoir
> Où Lebrun a pris son modèle...
> — Eh! n'a-t-elle pas son miroir? »

Au même Salon, se trouvaient encore trois autres tableaux de cette artiste. *Les portraits de la Reine*, de *Monsieur* (le comte de Provence) et de *Madame*. « Les deux princesses, dit Bachaumont, sont en chemise, costume imaginé depuis peu par les femmes. Quant au prince, à la gaieté qui règne sur sa figure, chose très rare dans les portraits, on juge qu'il ne s'est pas ennuyé lorsqu'on le tirait. On le croit aisément quand on voit le portrait de Mme Lebrun par elle-même. »

Ajoutons que, dès le début de l'exposition, la robe de gaze légère portée par la reine dans le tableau de Mme Lebrun, avait donné lieu à un ignoble pamphlet ;

l'Autrichienne en chemise, et le Roi donna l'ordre de retirer le portrait de l'exposition.

Le Musée du Louvre conserve plusieurs tableaux de Mme Lebrun : *la Paix ramenant l'Abondance,* morceau de réception à l'Académie, 1783. Mlles Lucie et Adèle Hall, filles d'un célèbre peintre suédois, et amies de l'auteur, ont servi de modèles aux deux figures du tableau. *Un portrait de Mme Lebrun et de sa fille,* fait pour M. d'Angivillier, et devenu propriété nationale au moment de l'émigration, est également aujourd'hui au Musée du Louvre, à côté du *portrait d'Hubert Robert,* 1789, et de celui de *Vernet,* 1779.

Faut-il rapporter ici une petite méchanceté de Bachaumont, qui laisserait à penser que Mme Lebrun ne faisait pas elle-même ses tableaux, et qu'un artiste, Ménageot, lui prêtait son concours. « J'avouerai même, ajoute le piquant chroniqueur, que la réunion de celui-ci, qui s'est logé sous le même toit..... »

Ceux qui colportaient ces calomnies, qui, après tout, pouvaient bien n'être que des médisances, durent triompher, lorsqu'aux premiers événements de la Révolution, Mme Lebrun, effrayée, s'en fut à Rome, où Ménageot se trouvait déjà depuis quelques mois. Celui-ci mourut pourtant en 1816, et Mme Lebrun figura au Salon jusqu'en 1842, exposant des tableaux où l'on retrouvait la touche de Greuze et de Vernet, qui avaient été ses maîtres. Ménageot avait exposé, en 1781, son morceau de réception : *l'Étude arrête le temps,* qui est resté au Louvre.

David s'était fait connaître, vers 1774, en peignant, avec l'aide de Fragonard, les panneaux de l'hôtel de Mlle Guimard. Reçu à l'Académie, en 1783, sur le tableau de *la mort d'Hector,* il partit pour l'Italie, d'où il envoya successivement au Salon ses trois tableaux des *Horaces,* de *Brutus,* et des *Amours d'Hector et d'Andromaque.*

C'est au Salon de 1785 que figure le tableau *du Serment des Horaces.* On peut difficilement se figurer l'enthousiasme qu'il excita :

> « Les voilà, ce sont eux, ces sublimes Horaces,
> Héros qui pouvaient, seuls, vaincre les Curiaces!...
> . . . .
> Oui, maintenant, je puis comprendre
> Tout ce que le génie a sur nous de pouvoir ;
> Ces héros que Corneille a su me faire entendre,
> Non moins grand dans son art, David me les fait voir. »

« Ce tableau, dit un critique, a mérité les éloges et les applaudissements non seulement du public qui s'y est porté en foule, mais encore des artistes et des amateurs les plus célèbres de cette grande ville. On y a admiré et la beauté de la composition et la correction du dessin et la vigueur du coloris. Toutes les voix se sont réunies pour placer cet ouvrage au rang de ceux des plus grands maîtres... etc. »

Je vous fais grâce des vers latins que certain abbé composa à cette occasion, et qui avaient pour titre :

> « De tribus Horatiis a Davide pictis. »

En 1789, le tableau de *la Mort des fils de Brutus* n'ayant pu être prêt pour le commencement de l'exposition, le cadre, déjà placé, resta vide pendant assez longtemps, et c'était merveille, paraît-il, de voir la foule ramassée devant ce cadre vide, comme pour jouir d'avance du plaisir que devait procurer la vue du chef-d'œuvre tant attendu :

> « Brutus n'est pas dans le Salon
> Et nous en savons la raison :
>   Du peintre, c'est l'usage,
> Il veut que nous soyons blasés
> Sur les chefs-d'œuvre exposés
>   Pour offrir son ouvrage (1). »

David prit une part active à la Révolution ; David, qui, après avoir été le peintre favori de Mgr le comte d'Artois, devint le premier peintre de l'empereur Napoléon Ier, pour lequel il exécuta les immenses toiles placées au Musée de Versailles. On sait qu'il mourut en exil, à Bruxelles, en 1825.

L'esprit parisien n'avait point dégénéré à cette époque. Le public devenait frondeur. Nous avons vu que le Roi ordonna de retirer le portrait de Marie-Antoinette dont le costume, un peu léger, avait donné lieu à des réflexions ordurières. Un jour, au Salon de 1777, on griffonna au bas du portrait de l'abbé Terray, par Cathelin ce distique :

> Quoi ! ce monstre gravé, cet infâme, ce traître ?
> Cartouche l'est : Terray doit l'être.

(1) *Pensées d'un prisonnier de la Bastille.*

Deux ans après étaient exposés les portraits de
Mme *de Lamballe*, par M. Hall; celui de *Mesmer*, dont
le baquet magique était alors dans toute sa gloire,
sculpté par Caffieri, et ceux de *M. de Lally-Tollendal*,
et du *maréchal de Richelieu*, ce vieux gentilhomme à
qui son domestique demandait, la veille de la bataille
de Port-Mahon : « A quelle odeur, Monsieur le maréchal désire-t-il se battre demain? »

Que de noms figurèrent alors sur les livrets du
Salon de peinture, qui, quelques années plus tard,
devaient se retrouver sur une autre liste, celle qu'on
dressait chaque soir pour la sanglante fournée de la
place de la Révolution! C'est merveille d'entendre
s'achever si gaiement cette ancienne monarchie prête
à s'écrouler. C'est pitié de voir sourire dans leurs cadres d'or toutes ces têtes qui bientôt devaient

> Tomber, le calembour aux dents,
> Avec un nuage de poudre !...

En 1783, est exposé le beau tableau de Werthmuller,
représentant *la Reine, Mgr le Dauphin, et Madame, fille
du Roi, se promenant dans le jardin anglais du Petit-
Trianon.* « Le Dauphin, doux, pâle et tendre enfant,
semblait sourire tristement à la mort qui le couvait
déjà de son jaloux regard. La jeune Dauphine, déjà
sévère, donnait à sa mère affligée des caresses mélan-
coliques et cherchait à deviner le mal dont les ravages
ridaient déjà l'ivoire de son beau front (1). »

(1, De Lescure, *Histoire de Trianon.*

Cependant les Parisiens l'aimaient encore, cette jeune femme, qui, dix ans plus tard, devait, de ses mains de reine, raccommoder sa robe blanche pour monter à l'échafaud. Comme ils devaient réjouir son cœur de mère, ces vers que nous trouvons dans un compte rendu du Salon de 1783 :

CLAUDINE.

« Quel grand tableau, regarde donc, Thibaut !
C'est tout d'or !

THIBAUT.

Mais voyons la peinture plutôt :
Femme, femme, tiens, tiens, tu dois le reconnaître ?

CLAUDINE.

Qui donc ?

THIBAUT.

C'est lui, j'en sommes bien certain.

CLAUDINE.

Qui donc ? qui donc ?

THIBAUT.

Eh bien ! le fils de not'bon maitre.

CLAUDINE.

Quoi c'est !...

THIBAUT.

Eh ! oui, morgué ; c'est not' Dauphin !

CLAUDINE.

Not' ! Dauphin ! quel plaisir, oh ! quel bonheur suprême.
Je ne l'ai jamais vu, c'est égal, c'est lui-même :
        Comme il est beau, comme il est blanc!
        Oh ! qu'il doit être ressemblant.

THIBAUT.

Je crois qu'il ressemble à son père !
Et les petits deviennent grands,
Un jour, il servira de père à nos enfants !
CLAUDINE,
Mon homme, ce tableau doit plaire à tout le monde... (¹) »

L'année suivante, il s'agit bien d'autre chose ! Un homme s'est élevé dans les airs à l'aide d'une machine de son invention. Voilà toutes les têtes à l'envers. On ouvre en 1784 un concours de sculpteurs à l'occasion de la découverte du système aérostatique. Au Salon suivant, de Machi expose un tableau représentant la *place Louis XV, avec la maison de M. de la Reynière, et le ballon de MM. Robert.* Et les couplets vont leur train jusqu'à l'accident arrivé au ballon *le Flessel*, qui, parti de Lyon, se traîna sur les toits de la ville, mettant en danger la vie des six personnes qui le montaient.

« Vous venez de Lyon, parlez-nous sans mystère !
Le Globe est-il parti ? — Le fait est-il certain ?
— Je l'ai vu ! — Dites-nous, allait-il bien grand train ?
— S'il allait !... Oh ! monsieur, il allait ventre à terre ! »

Et ce fut fini pour un temps des aérostats !

Hubert Robert que Marie-Antoinette avait chargé de dessiner le jardin de Trianon fut reçu à l'Académie en 1766. Jusqu'en 1798, il exposa fidèlement à tous les Salons ces jolis tableaux d'architecture que le Louvre

(1) *Momus au Salon*, 1783.

5

possède aujourd'hui : — *Vue du port de Ripetta à
Rome*, 1767. — *L'ancien portique de Marc-Aurèle*,
1784. — *L'Arc de triomphe d'Orange*, 1787. — *La
Maison carrée et les Arènes de Nîmes*, 1787, etc...
Hubert Robert exposait en 1783, un tableau représentant *l'incendie du théâtre de l'Opéra,* qui occupait alors
une des ailes du Palais-Royal et que le feu avait détruit
en 1781. On le chansonna de cette façon :

> « Si j'avais su, quand l'incendie
> Dévorait tout notre Opéra.
> Qu'il sortirait de ton génie
> Ce que j'allais contempler là:
> Moins curieux et plus tranquille,
> Au lieu d'aller porter de l'eau,
> Me renfermant dans mon asile,
> J'aurais attendu ton tableau (¹). »

Tout se rimait, à cette heureuse époque. Paris
n'avait pas encore découvert qu'il vivait sous le régime
de la plus affreuse tyrannie. Les droits de l'homme et
du citoyen n'étaient pas à la mode, et la plus grande
préoccupation du public était de savoir si les dames
abaisseraient ou élèveraient leur coiffure. — « Ce qui
ne vaut pas la peine d'être dit, on le chante, » assure
Figaro, et l'on chantait.

— On chante la tableau de Jolain : *Moïse frappant
le rocher :*

> « Ici le peintre a voulu faire
> Moïse frappant le rocher;
> Il n'a produit que de l'eau claire,
> Soit dit ici sans le fâcher (²). »

(1) *Panard au Salon.*
(2) *Le Salon à l'encan,* 1783.

On chante la *Sainte Thérèse* de Taillasson :

> « Taillasson, ôte de ce lieu
> Ta Thérèse trop admirable,
> Tandis qu'elle se donne à Dieu,
> Elle nous fait donner au Diable (1) »

On chante surtout la manie qu'ont les gens de se faire peindre et d'exposer leur portrait au Salon.

> « Philis demande son portrait,
>   Elle en a grande envie.
> Mais le monsieur qui le lui fait
>   Est de l'Académie.
> En public on l'exposera
>   Et Philis est bien sûre
> D'être célèbre après cela,
>   Mais célèbre en peinture.
>
> Mais s'il vous a, pour votre argent,
>   Altéré la figure,
> Marquer du mécontentement
>   C'est lui faire une injure.
> — Monsieur, vous vous moquez, je crois,
>   Dit l'homme d'importance,
> Le plaisir d'être peint par moi
>   Vaut bien la ressemblance (2). »

Enfin, l'heure a sonné, adieu à la vieille société française, à toutes ces anciennes institutions qui vont finir. 1789 est venu, la Bastille s'écroule pierre à pierre. — Pour la dernière fois vont venir visiter le Salon tous

(1) *Minos au Salon*, 1785.
(2) *Le cousin Jacques au Salon*, 1787.

ces petits marquis poudrés, toutes ces belles dames à paniers et à chapeaux de bergères, qui y prenaient tant de plaisir. Après cela, l'exil, la guerre, l'émigration, l'échafaud... C'est la fin.

Durameau expose l'esquisse d'un grand tableau destiné au Salon d'Hercule du palais de Versailles : *Séance des États généraux de France, à Versailles, le 5 mai 1789.*

Hubert Robert a mis au Salon *le temple antique transformé en pigeonnier,* qui est au Louvre. Callet expose *le portrait du Roi* et celui de *Monsieur, frère du roi.* « Ces deux tableaux, dit le livret, ne paraîtront que dans les derniers jours de l'exposition.» Mme Lebrun a peint le portrait d'*Hubert Robert,* et Mme Guyard le *portrait de Mme Victoire,* montrant une statue de l'Amitié sur le piédestal de laquelle on lit cette inscription :

« Précieuse aux humains, et chère aux immortels,
J'ai seule, auprès du trône, un temple et des autels. »

David a envoyé à l'exposition son tableau des *fils de Brutus* et les *amours de Pâris et d'Hélène,* qui, tous deux, sont aujourd'hui au Louvre.

Citons encore le portrait de *Henry, dit Dubois, soldat aux gardes françaises qui est entré le premier à la Bastille,* par Le Barbier, — et celui de *M. Bailly, l'un des quarante de l'Académie, et maire de la ville de Paris,* par le même. Ce tableau était commandé par la ville de Bordeaux.

Le 1er octobre, l'orage gronde du côté de Versailles. La foule court à d'autres spectacles. Un Roi, une Reine et un Dauphin de France traînés de Versailles à Paris par une horde en délire, sifflés, insultés, bafoués, cela vaut bien une exposition de peinture.

Le Salon se ferme aux premiers jours d'octobre : lorsqu'il se rouvrira, dans deux ans, tout un monde se sera écroulé.

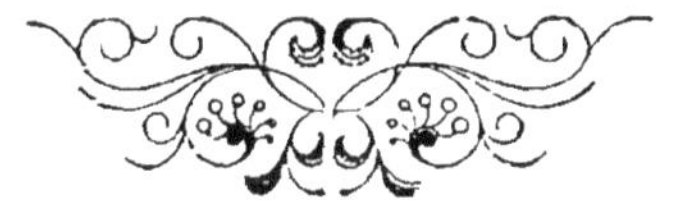

VII

LES CRITIQUES

Les Journaux. — *Le Mercure*. — Un critique en 1738. — Le portrait d'Orry. — Coypel. — Un dessin de Boucher. — Brochures. — Une lettre de Greuze. — L'avis d'un Chinois. Le Suisse du Salon. — Malborough, — *Changez-moi cette tête!* — Figaro. — Un pamphlet de Linguet. — Le déménagement du Salon. — Raphaël et Michel-Ange en vaudevilles.

Vous figurez-vous Paris, un beau matin privé de journaux? Aujourd'hui, pour la modique somme d'un sou, vingt millions de Français s'assurent leur ration quotidienne de politique et de faits divers. Les grands formats ajoutent à cela une certaine dose de littérature, un peu de finance et de théâtre, et parfois, une colonne ou deux de critique d'art. Un journal, pour avoir la vogue, doit tenir à la fois du livre, de la revue, de l'affiche,

du programme, de l'illustration et de l'almanach.
Aussi, le journal a tué bien des choses. La brochure,
d'abord, cet écrit court, rapide, incisif, facile à lire,
qui, vers le commencement de la Révolution, était
devenu une véritable puissance. L'image, ensuite, cette
brochure du peuple, l'image grossièrement coloriée,
portant au verso une complainte ou une légende.
Ceux qui collectionnent avec amour les images populaires imprimées à Paris à la fin du siècle dernier et
aujourd'hui presque introuvables, savent quel intérêt
acquièrent ces petites choses qui en rappellent de si
grandes. Le journal a tué le pamphlet, la chanson, la
lettre, le vaudeville, le dialogue, les mémoires, toutes
formes dont les écrivains enveloppaient autrefois les
vérités qu'ils avaient à dire et qu'ils ont abandonnées
aujourd'hui, n'ayant plus besoin pour être lus de pi-
quer la curiosité. Le journal est une encyclopédie. Si
vous avez lu le vôtre ce matin, vous en savez autant
que votre voisin qui a lu le sien.

Il n'en était pas ainsi au siècle dernier. Si l'on en
excepte les *Petites affiches*, le *Mercure de France* était
le seul journal vraiment digne de ce nom, encore qu'il
ne mentionnât que les différentes nouvelles de l'étranger, les présentations à la cour et le programme suc-
cinct des fêtes de Paris et de Versailles. Nous avons
lu les quelques lignes qu'il consacre au Salon de 1699.
C'est là le premier article de critique, si cela peut s'ap-
peler ainsi, que nous ayons rencontré concernant le
Salon du Louvre. Du reste, ce n'est point dans le *Mer-*

cure que nous trouverons à glaner. « Pendant l'ouverture du Salon, dit Mercier, il paraît une multitude de brochures que tracent tour à tour l'envieux, l'ignorant et l'amateur. Chacun alors a la manie de se connaître en peinture et les gens de lettres, en général, ne s'y connaissent pas, quoiqu'ils affectent aujourd'hui de faire entrer dans leur style beaucoup des termes de l'art. Ce déluge de pamphlets n'empêche pas la foule de se porter aux tableaux critiqués, et l'enfant qui sourit à la peinture parlante détruit toutes les objections de l'écrivain prévenu ou difficile. Quand la jalousie s'allume une fois entre peintres, elle surpasse encore celle des poètes (1). »

Eh bien, c'est à travers ce déluge d'écrits de toute sorte que nous voudrions conduire le lecteur. — Ce n'est point chose fort aisée, les titres de ces milliers d'écrits pouvant fournir, eux seuls, la matière d'un volume fort respectable.

Jusqu'en 1738, rien. Le *Mercure* se contente d'insérer un avis annonçant l'ouverture du Salon et un éloge de l'Académie en quelques lignes. Ce n'est qu'en cette année 1738 que paraît pour la première fois une petite brochure de sept ou huit pages in-octavo intitulée : *Description raisonnée des tableaux exposés au Louvre, lettre à Mme la marquise de S. P. R.* Cette brochure ne porte point de nom d'auteur. Une note manuscrite ajoutée à l'exemplaire que nous avons entre les mains,

---

(1. *Tableau de Paris.*

l'attribue au chevalier *de Monville de Brunebois*. Cette description, quoique « raisonnée », n'offre pas grand intérêt. Citons-en cependant les dernières lignes à titre de curiosité. Marivaux n'a rien écrit de plus maniéré :

« Contentez-vous, si vous le voulez bien, de l'esquisse que je vous en donne ici, et soyez bien certaine que si je suis répréhensible en quelque chose, ce n'est pas sur ce que je dis, mais sur ce que je tais. Daignez néanmoins considérer qu'il n'y a pas absolument de ma faute et qu'il est impossible de parler de tout. Il faudrait un volume entier. Dédommagez-vous-en par le livret d'explication que je vous envoie. Mais, l'année prochaine, prenez bien vos mesures, et ne vous avisez pas de vous tenir casée dans votre vieux château en un temps où il y aura sans doute d'aussi belles choses à voir. Car, sans parler du tort que vous vous faites en vous privant de ce spectacle, vous nous faites aussi un vol en nous privant du plaisir qu'on aurait à vous admirer au Salon. Pour moi, j'en ai un infini à mettre à profit cette occasion de vous assurer du très sincère et très respectueux... etc... »

Aux expositions suivantes, peu de critiques, à proprement parler. Quelques brochures paraissent à l'occasion du Salon : mais elles ne visent qu'un seul des ouvrages exposés, comme par exemple : la lettre sur *l'Amour* de Bouchardon, 1739 — Notice sur les *chevaux* de Courtou, 1740 — Vers libres pour le tableau d'*Athalie* de M. Coypel, 1741 — Lettre sur les quatre modèles exposés au Salon pour le *mausolée de son Éminence Mgr le Cardinal de Fleury*, 1743.

De la Tour, le fameux peintre de portraits au pastel, avait exposé en 1745 le portrait de M. *Orry* (n° 166) qui, depuis 1730, remplissait les fonctions de ministre d'État et de contrôleur général. Le hasard voulut que le dit portrait fût placé au-dessus de celui d'un abbé et à côté d'un grand tableau représentant le *Roi Louis XV*, ce qui donna lieu à ces vers :

« De la Tour, au Salon, met un prêtre sous toi
Et place ton portrait avant celui du Roi.
Chacun soutient à tort que c'est bizarrerie
Parce qu'il ne sent pas toute l'allégorie :
On te voit tous les jours, tel que Law l'apostat,
Foulant l'Église aux pieds, gouverner seul l'État,
Et c'est ce que le peintre exprime sans rien dire.
Ou peut-être qu'encor, par un trait de satire,
Il songeait au Calvaire, où Jésus autrefois
Fut, entre deux voleurs, placé sur une croix.
Si Dieu n'en eut que deux, un au Roi doit suffire ;
    Et d'ailleurs, tel est mon avis :
    Qu'un gros en vaut bien deux petits. »

Avouez qu'il est peu flatteur, même pour un ministre, de s'entendre dire ces sortes de choses. Ce couplet frappa-t-il juste ? je ne sais. Toujours est-il qu'au mois de septembre de cette même année 1745, Orry cédait sa place à M. de Machault.

En 1746 paraissent les *Réflexions sur quelques causes de l'état présent de la peinture en France, avec un examen des principaux ouvrages exposés au Louvre le mois d'août 1746* (attribuées à de la Font de Saint-Yenne).

« Ce petit ouvrage, dit l'auteur, avait été fait pour paraître pendant l'exposition des tableaux au Louvre, dans le mois de septembre dernier, mais des contretemps, que l'on n'avait garde de prévoir, ont retardé l'impression jusques à présent.

« L'on y a hasardé plusieurs digressions dont quelques-unes sont un peu égayées, pour jeter quelque variété dans le style, et éviter la monotonie toujours léthargique des longues dissertations sur le même sujet. »

Hélas ! malgré les efforts de l'auteur, les réflexions en question n'en sont pas moins monotones, et, il faut l'avouer, c'est, jusqu'à présent, le caractère dominant de toutes ces brochures. Il fallait vraiment avoir le caractère bien mal fait pour se formaliser de critiques enveloppées dans de si belles phrases à ailes de pigeon. Coypel, par hasard, en aurait-il eu à se plaindre ? Il lut un jour à l'une des séances de l'Académie de peinture un long dialogue dont il est l'auteur et où nous relevons ce passage :

CELIGNI.

« Quoi ! blâmeriez-vous ces brochures où l'on rend compte des sentiments du public ?

DORSICOUR.

« Où l'on rend compte, dites-vous, des sentiments du public ? Ah ! convenez plutôt, Celigni, que, dans ces petits ouvrages, l'écrivain, empruntant le nom du public sous une humble, mais fausse apparence, ose s'ériger en juge souverain. Le grand Corneille demandait autrefois où logeait le public. Moi, je soutiens que dans le Salon où l'on expose les tableaux, le public change vingt fois le jour. Ce qui est admiré du public à dix heures du matin est blâmé publiquement à midi. »

En 1747, les têtes semblent un peu s'échauffer. On n'en est point encore à un échange de gros mots, cela viendra plus tard ; mais une gravure placée en tête d'une *Lettre sur l'exposition du Louvre* donnerait à penser que Messieurs de l'Académie commençaient s'émouvoir des observations un peu sévères des amateurs. Cette gravure, très finement burinée d'après un joli dessin de Boucher, représente la Muse de la peinture assise devant un chevalet et entourée des inévitables amours qui voltigent dans tous les ciels de l'époque. La malheureuse est bâillonnée ; ses mains sont liées, elle regarde, rêveuse, un tableau qui excite les éclats de rire d'un âne dont on voit la tête au fond de la composition. Notons ces quelques lignes manuscrites qui l'accompagnent : « De méchantes langues ont osé avancer que cet ouvrage avait été fait pour M. de la Tour et lui avait été donné en paiement du portrait de M. l'abbé Le Blanc. D'autres ont dit que si cela était, ils le trouvaient bien mal payé. »

Il serait fastidieux de suivre, à travers toutes les expositions du XVIIIe siècle, la foule d'amateurs qui s'y pressait et qui se croyait obligée de communiquer au public ses moindres impressions. Tous ces écrits manquent d'originalité et sont bien certainement enfouis à jamais dans la poussière des bibliothèques. En résumé, il faut suivre l'avis de ce défenseur de l'Académie qui trouvait

« Que l'on ne peut traiter avec assez d'égards
    Ces hommes dont l'heureux génie
    S'applique à cultiver les arts ;
    Ni trop condamner la manie
    De ceux dont les écrits sanglants
    En décourageant les talents
    Décèlent de mauvais critiques,
    Peu faits pour être politiques.
    Malgré tous ces donneurs d'avis,
    Par parenthèse, mal suivis,
Du public éclairé respectant la censure,
Les Van-Lo, les Restout, les Toquet, les Vernet,
Les Nattier, les Latour, Cochin et Falconnet
    Passeront aux races futures.
    N'allant sans doute pas si loin,
Les brochures pourront terminer leur carrière,
Les unes, en cornets, chez l'épicier du coin,
    Et les autres, chez la bœurrière. »

À cette époque, les artistes, trop peu philosophes pour n'être pas un peu naïfs, n'avaient pas encore appliqué au public l'épithète flétrissante de *bourgeois*, et s'inquiétaient fort de son avis. Une lettre sur la cessation du Salon de peinture en 1749 attribue la fermeture de l'exposition au découragement des Académiciens, accablés des critiques trop sévères.

« Je rencontrai dernièrement une espèce d'amateur qui du plus loin qu'il m'aperçut, me cria : « Savez-vous la nouvelle ? — Eh ! quoi donc, lui dis-je ? — On a découvert, me répondit-il, le secret de la peinture. Le public est devenu connaisseur, il n'y aura point de Salon cette année. Voilà le fruit des productions de toutes ces cervelles brûlées... » Il me remit, en même temps, plusieurs petites brochures, il me rebattit les lieux communs usités en pareil cas : les auteurs découragés, les arts sur le point de leur décadence. « Le ministère ne mettra-t-il pas, poursuivit-il, un frein au babil de ces demi-connaisseurs qui font impitoyablement main basse sur les meilleurs ouvrages? Nous voilà, par leur caquet, privés d'une exposition qui faisait nos plus chères délices (1). »

Il faut bien dire que le public ne ménageait pas ses expressions.

Il traitait de marauds les artistes dont les tableaux n'avaient pas l'heur de lui plaire. Les artistes ripostaient quelquefois. Greuze, attaqué avec véhémence dans *l'Avant-Coureur*, à propos de son tableau de réception : *Caracalla*, fit imprimer la lettre suivante :

« Monsieur,

« En continuant de rendre compte dans votre dernière feuille des tableaux exposés au Salon, vous avez commis à mon égard deux injustices qu'en galant

(1) Lettre au sujet de celle intitulée : *Lettre à M. D.*

homme vous devez réparer dans la prochaine..... Vous vous êtes étendu avec affectation sur mon tableau d'histoire pour apprendre au public comment le Poussin, selon vous, aurait traité le même sujet. Je ne doute pas, Monsieur, qu'il n'en eût fait un tableau sublime, mais, à coup sûr, il s'y serait pris autrement que vous ne le dites..... »

Et un écrivain, prenant le parti du peintre, répandait une petite brochure intitulée : *le Chinois au Salon*. — « Me voilà donc, mon cher ***, disait cet habitant du Céleste-Empire, dans cette petite ville dont nous avons quelques notions à Pékin. A la quantité de nos figures chinoises, qu'ils appellent magots, que je vois dans leurs boutiques, et au prix où elles sont montées, je ne doute point de l'amour réel de ce peuple pour les beaux-arts..... Voulez-vous savoir comment se fait une critique en peinture ? Ceux qui ont du temps de reste s'attroupent chez un élégant ; chacun dit son mot ; l'envie souffle ; celui qui est voué au bleu charge celui qui donne dans le rouge. Tous deux se raccommodent en tombant sur le noir ; une plume alerte recueille tout cela, y met une liaison au goût du siècle. Le public rit de la plaisanterie, et vient au Salon pour juger par soi-même et avoir du plaisir. »

Parfois, cependant, les critiques n'avaient point tort, et lorsqu'on songe au goût un peu mesquin de cette époque entichée du joli, à tout ce que les artistes dépensaient de talent à la confection d'un programme peint à la gouache sur papier de soie, ou à la gravure d'une carte d'invitation, on doit reconnaître un certain courage à l'écrivain qui parle en ces termes : « Lorsque je jette les yeux sur les anciennes listes de tableaux, je vois qu'en 1699 et en 1704 l'exposition s'en faisait dans l'immense galerie du Louvre.... De notre temps, elle ne se fait plus que dans le Salon, en attendant peut-être qu'on la réduise à quelque boudoir. C'est que ceux qui exercent le pinceau de l'artiste étranglent son génie dans de petits cadres et le rapetissent dans des figures élégantes de dix-huit pouces de proportions. Les amateurs eux-mêmes ne savent plus préférer une grande composition à une tabatière ou à un panneau de voiture (1). »

Cependant, de guerre lasse, on désarma des deux côtés. Vers la fin du règne de Louis XV, les critiques prirent une forme plaisante, un ton badin, un style bon enfant. Chacun cherchait une forme nouvelle de donner son avis sur les tableaux exposés au Louvre ; alors nous voyons paraître des brochures ayant pour titre : *Lettre sur les peintures qui ont été exposées cette année au Louvre, par M. Raphaël, entrepreneur général des enseignes de la ville, fauxbourgs et banlieue de Paris, à M. Jérôme, son ami, râpeur de tabac et ribotteur.*

Puis vient la *Réponse de Jérôme, le ribotteur, à son ami Raphaël,* — ou bien encore : *La muette qui parle au Salon. — La morte de trois mille ans à l'exposition*

____

(1) *Lettre sur le Salon*, 1769.

des tableaux. — Le dévidoir du Palais-Royal. — Vision du Juif Ben-Esron, marchand de tableaux. — Jugement d'une demoiselle de quatorze ans au Salon. — Lit de justice du dieu des arts ou le pied de nez des critiques au Salon, suivi de l'arrêt rendu contre eux à la cour du Parnasse. — La morte-vivante au Salon. — La critique des critiques. — Le miracle de nos jours, galimatias anticritique des tableaux du Salon... etc... etc.

Une des plus plaisantes est la *Relation de moi, Henri-Nicolas Brandhais, suisse du Louvre, de ce que chai vu et ententou la nouit du 25 août 1771.*

« Le 25 août à tis heure du soire, jétai prêt à mettre moi tans mon li avec mon fâme, quant j'antanti tut à cup un gran tiaple de dabage tans le salon où étaient les tapleaux... je cru tabor que sétait tes foleurs, car on dit qu'il y en a bocup. Je pris mon halleparde et j'alai pour touer les coquins. Quand je foue sur l'esqualier, j'écoutai plus atantivement, et j'antanti que c'était les tapleaux qui dispoutaient ansample et qui faisaient un baquanal afreux. Il me semblait premièrement que c'était nos MM. te Laquatèmie qui denaient assemblée. Sependant, je reconnus après que c'était un trôle qui faisait parler les tapleaux comme si c'était eux-mêmes (1). »

Ce fut une époque bien parisienne. Une chanson courait-elle les rues ?... vite on en prenait le refrain, on y adaptait quelques couplets, quelques plaisan-

(1) *Lettres de Raphaël le jeune.*

teries sur les tableaux exposés, et voilà une nouvelle critique. Chacun connaît la vieille chanson populaire de Malborough. C'est, dit-on, Mme Poitrine, la nourrice du Dauphin Louis XVII qui l'avait apportée de sa province. Elle la chantait le soir pour endormir son auguste poupon ; la Reine en retint l'air et le répéta. Immédiatement, tout Versailles est à la Malborough ; Trianon voit s'élever au bord de son étang une tour qui porte le nom de la chanson en vogue... Inutile d'ajouter que le Salon, cette année-là, reçut la visite du fameux général anglais dont le grand tort était de nous avoir battus. Rien d'amusant comme les cérémonies que fait le noble duc en pénétrant dans l'exposition.

LE MARQUIS.

« Oh ! parbleu, M. le Duc, puisque vous êtes en France, vous viendrez au Salon.

LE DUC.

« Oh ! parbleu, M. le marquis, vous êtes bien tourmentant ! Comment ! non content de me rappeler à la vie sans que j'en priasse vos compatriotes, vous voulez que je me laisse par eux donner en spectacle dans tous les coins de leur foire Saint-Laurent, chez leur Ruggiéri, aux Variétés où l'on me fait dire mille impertinences dont l'idée seule me fait rougir. Vous vous êtes emparés de mon pauvre individu, vous me promenez partout, et de quel droit m'excéder de la sorte ?

LE MARQUIS.

« Du droit que votre reconnaissance doit me donner
sur vous. C'est moi qui ai apporté le premier votre
chanson de la cour à la ville, et c'est moi qui ai donné
le modèle des éventails qui portent votre nom.
Vous étiez mort presque tout entier et je vous rappelle
à l'immortalité.

LE DUC.

« Allons donc ! Mais votre nation est terrible, M. le
marquis ! Comme une sottise l'occupe ! Quelles têtes
qu'une rapsodie du Pont-Neuf monte et exalte jusqu'à
la démence (1). »

Il courait vers le même temps dans le peuple une
autre chanson dont les couplets se terminaient par ces
mots : *Oh ! là, changez-moi cet' tête*. Je vous laisse
à penser si l'on répétait ce refrain devant les portraits
exposés au Louvre :

« La chanson qui est à présent à la mode fait ré-
péter à nos élégants : *Changez-moi cet' tête*. Ces mots
sont employés à tort et à travers devant les tableaux
et les sculptures (2). »

1785 ! Figaro, le barbier frondeur, vient de faire son
apparition. Sa première visite est pour le Salon. La
gravure qui l'y représente (3) nous le montre dans son

(1) *Malborough au Salon.*
(2) *La morte de 3,000 ans.*
(3) *Figaro au Salon.*

costume traditionnel, la résille au front, la mandoline
en bandoulière, chantant ainsi son couplet au public :

Air : *Vaudeville de la Folle journée.*

« On dit que mon mariage
A fait du bruit dans Paris
Que mon brillant verbiage
Avait séduit les esprits.
Mais en France on est volage
Et puis, les absents ont tort...
On me croyait déjà mort... »

Il faut nous contenter de citer : *Janot à l'exposition. — Avis important d'une femme sur le Salon de
1785. — Minos au Salon, ou la gazette infernale. —
Lanlaire au Salon. — Tarare au Salon — Ah ! Ah ! conversation de Jérôme le passeur...* — Que le lecteur ne
le regrette qu'à moitié. Les titres sont pour la plupart
plus alléchants et plus neufs que les quelques pages
de banalités qu'ils recouvrent. Ce sont plutôt là
des amusements que des critiques sérieuses. Chacun
prenait sa part de ce bon rire français du XVIIIe siècle auquel devait imposer silence la grande voix gron-
deuse de la Révolution. Eh bien, le croiriez-vous, il se
trouvait des écrivains grincheux qui reprochaient aux
Parisiens la façon plaisante dont ils accueillaient le
Salon de peinture. « Ce sont là des plaisanteries, di-
saient-ils, qui ne doivent pas pénétrer dans le sanctuaire des arts où l'on travaille pour l'immortalité (1).

(1) *La morte de 3.000 ans.*

Un autre ajoutait qu'à la lecture des critiques, on distingue toujours ceux qui les ont produites ; faiseurs d'étrennes mignonnes, histrions qui ont besoin d'un dîner, mauvais plaisants qui transportent le lecteur à la guinguette ou à la halle pour ensuite venir juger le Salon. Tantôt c'est un Mylord qui parle, tantôt Malborough, personnage qu'on n'a fait chanter que par une ruse indécente et dont le monument, élevé à sa gloire dans la ville de Londres, insulte à notre nation. »

Du reste, ceux qui trouvaient que l'on riait trop devaient bientôt être satisfaits. En 1789, paraissent les *Pensées d'un prisonnier de la Bastille sur les tableaux exposés au Salon du Louvre*. C'est la première note discordante dans ce concert de joyeusetés. La politique envahit tout. Écoutez ce pamphlet, que l'on attribua, pour un temps, à Linguet, et qui est intitulé : *Tableaux de commande pour les députés, pour faire suite à ceux du Salon de 1791* :

« Jean-Jacques, sortant de son tombeau, les droits de l'homme à la main, joignant ensuite les mains et disant à Dieu : Ils ont mal interprété mon livre. Mon Dieu, pardonnez-leur, ils ne savent ce qu'ils font.

« Décret qui abolit les livrées et les armoiries, sans qu'on ait réfléchi que cette branche de commerce mettait en circulation plus de vingt millions par an.

« Décret qui abolit ou démolit les colombiers. Aussitôt les pigeons ont renchéri au quai de la Vallée.

« Décret qui ordonne la fonte des cloches pour faire des sols. Ce décret est fort charitable : les cloches

faisaient beaucoup de bruit et la monnaie d'aujour-
d'hui n'en fait guère.

« Les hommes deviennent égaux entre eux. Les députés ont fort bien trouvé cela, à vingt et une livres près par jour.

« Il n'y a plus de privilèges, dites-vous, messieurs de l'Assemblée ; vous vous êtes pourtant réservé celui de faire beaucoup de sottises.

« Des fêtes nationales pour le souvenir de la Révolution. Ah ! on s'en souviendra bien. Quand on va se coucher sans souper, on dit : c'est la Révolution qui en est cause, et l'on n'a plus besoin le lendemain que d'allumer des lampions dans Paris.

« Le prince royal... la couronne que vous lui réservez ne sera pas lourde à porter, car il y a bien des fleurons et des diamants d'ôtés..... voilà trois hivers que vous ne portez pas de gants, parce que vous avez toujours vos mains dans nos poches. »

Pourtant, la tourmente passée, les chansons reprirent. En 1798, on transporte les critiques au théâtre et l'on représente le *Déménagement du Salon ou le portrait de Gilles*, comédie-parade en un acte. « Le portier du Salon a beaucoup d'ouvrage le jour du déménagement... ça n'en finissait pas ce matin... c'était vraiment curieux sur votre escalier...

> « J'ai vu descendre des vaisseaux,
> J'ai vu descendre des campagnes,
> Des hommes et des animaux,
> Des cathédrales, des montagnes,

> Enfin, par-dessus des forêts,
> Entre le soleil et la terre
> J'ai vu passer sur des crochets
> Le Pont-Neuf avec la rivière.

« Il n'y avait pas seulement le plus petit ordre dans leur Salon. Je m'en serais mieux tiré.

> « C'est bien surtout pour les portraits,
> Que j'aurais fait à ma manière
> Placer chacun avec succès
> Selon son petit caractère :
> Les grands hommes au premier rang,
> Les petits, loin de la lumière,
> De côté plus d'un important
> Et les gens de rien, terre à terre ;
>
> J'aurais mis les fous au grand jour,
> Les sages dans la demi-teinte,
> Les gens de bel air dans la cour,
> Et les mécontens vers la plinthe,
> Les parvenus sur l'escalier
> Et comme la raison le porte,
> Les bas valets sur le pallier,
> Et les intrigants à la porte. »

Et plus loin :

> « J'entends, toujours, en enrageant,
> Ces connaisseurs sans connaissance ,
> Qui critiquent d'un ton tranchant
> Pour se donner l'air d'importance.
> D'après leurs goûts extravagants
> Toutes les ombres sont trop claires ;
> D'autres, encore plus ignorants,
> Voudraient obscurcir la lumière.

> Certain critique original
> Des arts voulant ternir la gloire,
> Naguère, dans plus d'un journal
> Proscrivit les tableaux d'histoire :
> A ces tableaux, ce Visigot
> Préfère un gigot en peinture.... »

ARLEQUIN. (Parlé.)

« Il n'a pas de goût cet homme-là !

> « Si je préférais un gigot
> Ce serait du moins en nature ! »

Bien incorrigibles, les Français osèrent, sans que personne criât à la profanation, chansonner les tableaux de Michel-Ange, amenés à Paris à la suite de la campagne d'Italie. Les *Trois Parques* s'attirèrent ce couplet :

> « Affreux trio fort habile
> A tourmenter les humains
> Vraiment je suis peu tranquille
> De voir mon sort dans vos mains.
> Je vous blesse par mon style,
> Pourtant je sais qu'avec vous,
> Il faut que l'on file, file,
> Que l'on file, file, file,
> Il faut que l'on file doux. »

Les cartons de Raphaël eux-mêmes représentant Platon, Socrate, Aristote et les autres sages de l'antiquité ne furent pas épargnés.

> « Donnons chacun tous nos suffrages,
> A ces savants coups de crayon !
> Faut-il quand nous trouvons des sages
> Ne les rencontrer qu'en carton ! ! »

6

On s'étonnera peut-être que nous ayons commencé et fini par des chansons, que, nous en tenant à quelques couplets plus ou moins spirituels des envieux critiques de cette époque, nous ayons négligé les pages plus sérieuses dans lesquelles les contemporains ont parlé des Salons d'alors. Diderot a passé en revue les tableaux de Greuze et des autres maîtres dans des pages écrites, dit-il « avec son cœur ». Ses contemporains ont inondé Paris de ces dissertations de longue haleine dans lesquelles on retrouve la note de sentimentalité douce particulière à cette époque. Nous avons négligé à dessein cet imposant renfort. Il eût fait sortir notre travail du modeste cadre que nous nous étions tracé. Notre but a été de réunir, dans quelques pages sans prétention, les recherches faites dans des collections que nous croyons actuellement peu connues et qui nous ont paru cependant présenter un certain intérêt de curiosité.

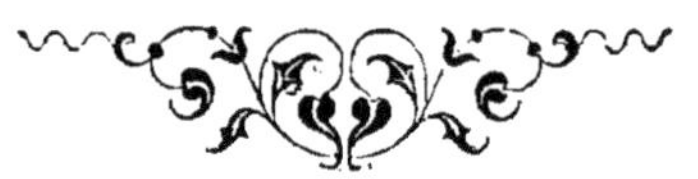

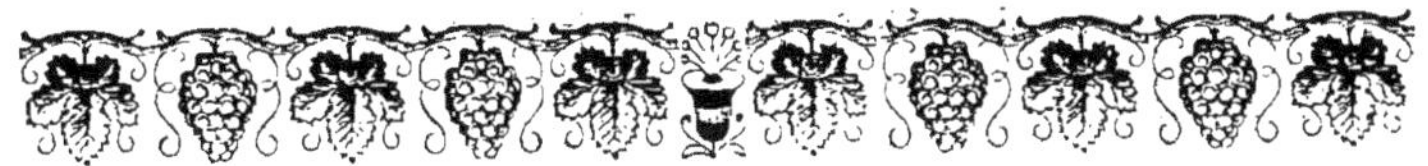

VIII

LE SALON PENDANT LA RÉVOLUTION

Chanson. — Le Salon libre. — Le décret du 21 août 1791. — Le
Salon de 1791. — Portraits. — 1793. — Abolition de l'Acadé-
mie. — Tableaux sans culottes. — 1795. — Appel aux artistes.
— Misère. — Souvenirs de prison. — Chénier. — Trudaine. —
Roucher. — 1796, Mme Tallien. — Houdon. — Exposition des
objets d'art étrangers en 1797. — Le citoyen Bonaparte. —
1798. — Le Jury. — Topino-Lebrun. — Gérard. — 1800. —
Le 18 Brumaire, vaudeville.

O r, venez voir, petits et grands (1),
    La décadence des talents.....
Dans une chambre réservée,
Par un jour faux mal éclairée,
Vous trouverez un grand ramas
D'honnêtes gens et de pieds plats... »

« Dans un empire où les hommes sont libres, les
arts doivent l'être aussi (2). L'Assemblée nationale, péné-

(1) *Les Rapsodistes au Salon.*
(2) *Explication et critique impartiale.... par D..., citoyen
patriote et véridique.*

trée de ces principes, vient de briser les chaînes qui les tenaient captifs et resserrés. Il n'y a plus d'entraves qui retiennent le génie. Le vrai talent peut se montrer... »

Le Salon déborde. Il empiète sur la galerie d'Apollon, il envahit l'escalier, il descend jusque dans la cour. C'est un pêle-mêle, une cohue, une débauche de peintures à ne savoir où fixer les yeux. L'Académie royale de peinture agonise.

C'est en vain que, pour tenir à distance la foule de barbouilleurs, qui demande à grands cris sa suppression, elle fait pour ce Salon de 1791 imprimer à part une liste des tableaux que doivent exposer ceux de ses membres que la Révolution n'a pas fait fuir à l'étranger ; la toute-puissante Assemblée, par décret du 21 août, a décidé que tous les peintres de France étaient égaux en talents et en droits. Un supplément paraît, contenant huit cents numéros, et les tableaux des maîtres sont enfouis, noyés, perdus dans une avalanche « de productions ineptes, de barbouillages soi-disant patriotiques, d'essais de toutes les formes et de toutes les couleurs (1). »

Et dès lors les partis se forment : personne ne voit plus où finit la liberté et où commence la bêtise. Les *patriotes* applaudissent quand même; les *aristocrates* crient à la profanation. Nous n'avons trouvé une impression raisonnable que dans cette petite note manuscrite ajoutée à un livret de l'époque :

(1) *Journal des Français.*

« L'exposition des tableaux au Salon du Louvre est remarquable cette année par la permission qu'ont eue tous les artistes indistinctement d'exposer leurs ouvrages. Cette faculté leur a été accordée en vertu d'un décret de l'Assemblée nationale. Sans entrer pour le moment dans le détail des avantages ou des inconvénients qui résultent de ce nouvel ordre de choses, je me contenterai d'observer ici que les artistes et les amateurs des beaux-arts ont paru peu satisfaits de voir, à côté d'un beau morceau de peinture, par exemple le n° 290 : *la Nuit de la Saint-Barthélemy*, qui inspire la plus grande horreur, le n° 317, le *Triomphe de Voltaire* qui ne peut faire que beaucoup rire, ainsi qu'il est arrivé à plusieurs Académiciens, et inspirer du mépris. Que dirait-on, par exemple, si l'on voyait en face de la superbe façade du château de Versailles, du côté du Parc, une chaumière tombant en ruines ?... (1) »

En pénétrant dans la cour du Musée, le premier buste qui se présente est celui *du Roi*, par M. de Seine, Académicien.

Ce buste aura son histoire. Il sera pilé à coups de marteau sur une cheminée du château des Tuileries. Tout à côté, un autre buste, par le même : n° 250, *le Dauphin*, en marbre, pour la Reine.

Ne trouvez-vous pas que cette simple ligne du livret est navrante pour qui sait le sort réservé à la mère et à l'enfant ?

(1) Collection Deloisne.

6.

David a exposé trois tableaux : *les Horaces, Brutus* et *la mort de Socrate*. La foule s'écrase devant une esquisse du maître représentant *le Serment du jeu de paume*. Mme Lebrun, qui vient d'émigrer, envoie de Rome un magnifique *portrait de Pasiello*, et sa rivale, Mme Guyard, expose une série de portraits sous ce titre : *Plusieurs députés à l'Assemblée nationale.*

Ce sont : N° 72. *M. de Talleyrand*, ancien évêque d'Autun, tenant à la main des papiers sur lesquels est écrit : liberté des cultes, éducation nationale.

N° 73. *M. de Beaumetz ;*

N° 74. *M. Charles de Lameth ;*

N° 75. *M. Alexandre Lameth ;*

N° 76. *M. Barnave ;*

N° 77. *M. de La Borde ;*

N° 78. *M. de Broglie ;*

N° 79. *M. Alexandre Beauharnais ;*

N° 80. *M. d'Aiguillon ;*

N° 81. *M. Duport ;*

N° 82. *M. Chabron ;*

N° 83. *M. Salomon ;*

N° 84. *M. Robespierre ;*

Quelques autres portraits à citer :

N° 104. *Portrait de M. Henry Mazers de Latude* par M. Vestier, Académicien.

N° 105. Par le même, *M. Sarrelle,* capitaine comman-

dant de la musique de la garde nationale parisienne.

Ce portrait est un gage de la reconnaissance des musiciens des ci-devant gardes-françaises envers M. Sar-
rette. Il doit être placé dans la salle des répétitions du
corps de musique.

N° 106, par le même, *Portrait de M. Gossec*, lieute-
nant maître de la musique de la garde nationale parisienne, peint dans l'action de composer la marche lugubre pour les honneurs funéraires rendus au Champ
de la Fédération, le 20 septembre 1790, aux mânes des
citoyens morts à Nancy.

Par M. Giroust, Académicien :

M. de Chartres. — Celui qui devait plus tard régner
sous le nom de Louis-Philippe.

... Hélas! où sont ces jolis amours de Boucher, jouant
dans des nuages bleus avec des écharpes de soie rose ?
La politique, cette lèpre dévorante, a gagné les meilleurs esprits. Le peintre qui risquerait au Salon un tableau où manquerait la note patriotique pourrait bien
passer inaperçu.

1793 — date sinistre — la Saint-Louis, cette vieille
fête française, n'a plus de place dans le nouveau calen-
drier. Le 8 fructidor (25 août, style esclave) est devenu
la fête de *la réglisse !*

L'Académie de peinture a vécu, et dès l'ouverture
du Salon, on s'aperçoit, qu'en somme, ce n'était point
déjà une si inutile institution :

« Il y avait deux choses à distinguer dans l'Académie de peinture et de sculpture, disent les *Affiches de Paris,* savoir : une réunion d'hommes favorisés et un corps d'artistes distingués fait pour l'instruction des arts du dessin. Sous ce dernier point de vue, l'Académie de peinture, pulvérisée par le décret qui dissout toute association pour ainsi dire privilégiée, était pour la France d'une utilité incontestable par son influence immédiate sur tous les genres d'industries, et pouvait, à ce qu'il nous semble, être conservée avec de grandes réformes.

« Sous un autre point de vue, l'Académie devait être détruite, parce que, disposant des faveurs, des encouragements, de la réputation même, elle asservissait les goûts et pouvait se tromper dans la distribution de ses encouragements. »

Le Salon s'ouvrit le 10 août 1793. A ceux qui s'étonneraient de ce qu'on pût s'occuper de peinture au moment où, chaque jour, le coutelas révolutionnaire produisait au cou d'un si grand nombre de gens cette légère impression de fraîcheur dont parle le docteur Guillotin, nous donnerions à méditer ce passage du *Nouveau Paris* : « Les spectacles, les restaurateurs, également pleins, n'offraient que des nouvellistes tranquilles. Le peuple vit de sang-froid l'érection d'un tribunal révolutionnaire, et continua paisiblement d'aller à l'Opéra. Le rideau se levait exactement à la même heure, soit que l'on coupât soixante têtes, soit qu'on n'en coupât que trente. »

Charmante époque. Du reste le reproche d'indifférence est prévu :

« Il semblera peut-être étrange à d'austères républicains, de nous occuper des arts quand l'Europe coalisée assiège le territoire de la liberté ?... Les artistes ne craignent point le reproche d'insouciance aux intérêts de leur patrie. Ils sont libres par essence..... Nous nous rappellerons volontiers Protogène, traçant un chef-d'œuvre au milieu de Rhodes assiégée ou bien Archimède méditant sur un problème pendant le sac de Syracuse (1). »

Nos scrupules ainsi levés, hasardons-nous à feuilleter le livret.

Beaucoup de tableaux allégoriques :

N° 45. *Un homme et une femme, abandonnés sur un rocher au milieu de la mer, sont absorbés de réflexions douloureuses sur leur triste sort,*
— par Taurel.

N°280. *Tempête allégorique.*
Le vaisseau nommé le *Despote* se brise au pied du rocher de la *liberté* et s'engloutit à l'instant où la foudre le frappe. La figure de la Liberté, fille chérie de la nature, du haut des rochers tient d'une main *l'étendard national, formé des couleurs de l'arc-en-ciel,* et de l'autre, embrassant le globe terrestre... etc... par Genillon.

(1) *Description du Salon de 1793.*

N° 452. *Neuf dessins originaux des estampes qui orneront le traité des causes révolution=naires, d'après A. C. Duboc,* par Defrais. — Vous y verrez tout à la fois : La vérité nuë, l'entêtement des égoïstes, l'hydre affreux de la chicane, le spectre de l'ignorance, l'ambitieux puni, la France achevant d'exterminer les crimes, le droit des gens au paradis terrestre, la fin de l'homme et un résumé du tout.

Nombreux tableaux d'histoire contemporaine :

N° 125. *La journée du 10 août 1792,* par Berthaud. Ce tableau appartient à la nation.

N° 434. *La soirée et la nuit du 12 juillet 1789,* par Sergent, député.

N° 514. *Fête des sans-culottes sur les ruines de la Bastille,* par Pourcelli.

N° 595. *Le siège des Tuileries par les braves sans-culottes,* qui, conduits par la *liberté,* renversent la *tyrannie* malgré les efforts du *fanatisme,* par Desfonts.

N° 599. *La mort de Beaurepaire,* par le même.

Au milieu de ce déluge d'inepties, deux tableaux de piété.

N° 42. *Jésus au milieu des docteurs.*

N° 438. *Jésus chez Marthe et Marie,* par Lelu.

Les nouvelles mœurs parlementaires, dont les Parisiens s'amusaient comme un enfant épris d'un jouet neuf, ont donné lieu à quelques tableaux de genre.

N° 416. *La Sonnette ou je vous rappelle à l'ordre*, d'après Mallet, par Guyot.
N° 627. *Le portrait d'un électeur de 1792*, par Lefébure.

Qu'est-ce que cela pouvait bien être?... à rapprocher du n° 481 : *une femme ivre que l'on ramène d'une orgie*, par le citoyen Guêret, l'aîné.

Quelques portraits : n° 337. *Mallarmé, député et président de la Convention, le 3 mars et suivants*, par Bonneville.

N° 92. *Cherubini, compositeur italien*, par Dumont.
N° 107. *Robespierre*, par Ducreux.

Telle fut l'exposition de 1793. Cette époque qui portera à travers les siècles son lugubre surnom de la Terreur, a laissé partout sa trace de sang et de bêtise. On en vient à croire en l'étudiant qu'un seul homme l'a bien comprise ; c'est Albert, le propriétaire des bains du Pont-Royal qui mettait dans son prospectus : « Douches et bains émollients à l'usage des personnes frappées d'aliénation mentale par suite de la Révolution. »

Le Salon du Louvre a bien failli sombrer dans cette tourmente ; deux ans après, l'épouvante et l'hébétement duraient encore : Écoutez ces appels désespérés adressés aux artistes lors de l'exposition de 1795.

« 7 thermidor an III.

« Voici l'époque, citoyens, à laquelle vous avez coutume d'exposer à l'admiration publique les productions de vos talents ; quoique les arts et ceux qui les exercent aient beaucoup souffert, la tyrannie et le vandalisme n'ont pu les étouffer. La République a conservé des artistes consommés que la persécution a rendus plus chers encore aux amis des arts et un grand nombre de jeunes talents de premier ordre qui promettent de porter la gloire française au plus haut point.

« La commission vous invite donc à exposer vos ouvrages dans le Salon d'exposition ordinaire au Muséum. Elle vous engage à envoyer d'avance au conservatoire la notice et les dimensions des tableaux, sculptures ou dessins que vous vous proposez d'exposer. Redoublez d'efforts pour achever vos tableaux commencés, vous serez visités avec l'intérêt du sentiment, par tous ceux qui savent apprécier l'heureuse influence des arts et qui en connaissent le charme.

« L'exposition est fixée au 24 fructidor.

« Guinguené, commissaire. »

— Second avis de la commission de l'instruction publique aux artistes.

« 7 fructidor an III.

« La commission avait invité les artistes à communiquer au conservatoire du Muséum des arts la notice des ouvrages qu'ils se proposent d'envoyer au

Salon. Mais il a été envoyé jusqu'ici un trop petit
nombre pour que l'exposition et le catalogue puissent
être finis pour le 24 fructidor. En conséquence, la
commission avertit les artistes de ne pas différer
davantage de faire connaître au conservatoire le sujet
et la dimension de leurs ouvrages. Le catalogue sera
imprimé le 20, et les artistes qui n'auront pu donner
au conservatoire à cette époque la notice de leurs productions ne pourront pas être compris dans le livret
imprimé.

« L'exposition n'ouvrira que le 30 fructidor.

« Le commissaire : GUINGUENÉ. »

Malgré les deux avis que l'on vient de lire, le Salon ne put s'ouvrir que le 10 vendémiaire de l'an IV
(2 octobre 1795), il dura jusqu'au 10 frimaire suivant
(6 décembre 1795).

« Quoique cette exposition ait paru assez intéressante et considérable, si on en juge par le nombre des
numéros, il faut cependant convenir que ce n'est pas
dans le genre de l'histoire. Je n'en dirai pas les raisons,
tout le monde les connaît aussi bien que moi ; mais je
ne puis cependant m'empêcher de remarquer que très
peu d'Académiciens ont exposé, ce qui ne peut paraître
étonnant dans les circonstances présentes. Les critiques ont été peu nombreuses cette année, tant à cause
de la cherté du papier que de l'impression, et différentes personnes m'ont assuré que c'était le motif qui
les avait empêchées d'envoyer leurs observations aux

auteurs de différents journaux, ainsi qu'elles sont dans l'usage de le faire depuis nombre d'années (1). »

Quelle éloquence dans ces quelques lignes ! et, en parcourant le livret, comme on sent bien la tristesse et le remords empreints dans tous les esprits. On dirait un fiévreux s'éveillant d'un rêve horrible, et conservant, comme une idée fixe de folie, le souvenir de son cauchemar.

Retour d'un détenu dans sa famille — le prisonnier — le détenu, portrait — intérieur d'une prison.. voilà les tableaux de genre qui ont succédé aux bergeries de Coypel, aux délicates inventions de Greuze ou de Vanloo.

Et ces quelques lignes du livret que nous copions textuellement :

« N° 460. *Portrait d'André Chénier.*

« Chénier avait un profond respect pour son père, qui, de son côté, l'aimait tendrement. Ce vieillard, pour calmer les inquiétudes de son fils, lui ayant observé combien ses vertus et ses talents devaient le rassurer, ce fils infortuné ne lui répondit que par ces mots du fond de sa prison : « Ah ! mon père, Malesherbes aussi avait des vertus... » et le lendemain, Chénier fut conduit à la mort.

« N° 461. *Portrait du citoyen Trudaine.*

« Le C. Suvée attendait lui-même au 7 thermidor an II son départ pour son propre supplice quand il donnait la dernière séance au C. Trudaine que l'on vint arracher de ses bras pour le conduire à l'échafaud.

(1) Note manuscrite.

« N° 462. *Portrait du citoyen Trudaine la Sablière son frère.*

« N° 463. *Portrait du citoyen Courbeton, son beau-frère.*

« Ces deux dernières victimes furent trop tôt enlevées à l'artiste lui-même prisonnier avec eux pour pouvoir les peindre. Il s'est déterminé à faire leurs portraits, de ressouvenir, pour la consolation de leurs familles.

« N° 347. *Portrait du citoyen Roucher,* dessin fait dans les deux heures qui ont précédé son départ pour le tribunal révolutionnaire. »

Pendant que l'artiste dessinait, Roucher fit et écrivit de sa main ces quatre vers au bas de ce portrait :

« A MA FEMME, A MES ENFANTS, A MES AMIS :

« Ne vous étonnez pas, objets sacrés et doux,
Qu'une ombre de tristesse ait empreint mon visage ;
Lorsqu'un savant crayon vous traçait cette image,
J'attendais l'échafaud et je pensais à vous (1) ».

Autres portraits : Le *citoyen Méhul, inspecteur du conservatoire de musique.* — La *citoyenne Beauharnais,* celle-là même qui écrivait à cette époque : « Voilà le plus beau de mes rêves évanouis, on m'avait prédit que je serais reine de France. Comment cela serait-il possible, puisque j'épouse le dernier des généraux de la République. »

On voyait, cette année-là, dans la cour du Salon, quelques fragments de bronze devant lesquels la foule

____

(1) *Almanach des prisons,* 1794.

s'arrêtait sans rien dire et comme prise d'un remords. C'étaient les débris de la statue d'Henri IV, dont le peuple semblait, en dépit d'un vers fameux, n'avoir point du tout gardé la mémoire. Tout à côté étaient les quatre figures en bronze de Desjardins, qui avaient orné le piédestal de la statue de Louis XIV sur la place des Victoires. La pétition d'un groupe d'artistes les avait sauvées de la fonte le 28 août 1792.

« Un des tableaux qui a été le plus remarqué, est celui de *la liberté ou la mort*, par le citoyen Regnault. On ne peut lui refuser de grandes beautés en ce qui concerne la peinture, mais il n'en est pas de même du sujet. Je ne m'arrêterai point aux plaisanteries auxquelles il a donné lieu. Il suffit de dire que, d'après l'attitude où ce peintre a représenté le génie, au lieu de dire : la liberté ou la mort, il semble bien plutôt dire : la liberté et la mort (1). »

Ce tableau, commandé par le gouvernement, fut offert à la Convention le 15 pluviôse an III (3 février 1795). Sergent fut chargé de la présentation de *l'ange* de Regnault. Les ailes dudit ange étaient peintes aux trois couleurs nationales : « Les arts, dit-il, ne sont pas bannis du territoire de la République. Il y a du mérite d'avoir conçu sur la toile l'exécution de la devise des Français : la liberté ou la mort. Ce tableau mérite par son invention et son exécution d'être placé dans un monument public. Je demande qu'il soit

(1) Note manuscrite.

décrété qu'il sera posé derrière l'acte constitutionnel dans la salle des séances. »

L'assemblée applaudit aux talents de l'artiste et ordonna le renvoi de son tableau au jury des arts pour l'examiner et le juger.

Nous voici parvenus au beau temps des muscadins et des merveilleuses. En 1796, on ne disait plus *le Salon est ouvert;* non pas, cela se prononçait ainsi : « Les arts vont, pendant quelques heures, mêler le souffle aimable des beaux jours aux vents impétueux des orages politiques. » — Une exposition de tableaux provenant des collections royales de Versailles et de Fontainebleau avait eu lieu aux mois de mai et juin dans le salon du Louvre. Le livret se vendait « *au profit de l'indigence!* » — Cette exposition, qui eut un certain succès, donna l'idée de rendre annuel le salon de peinture. Ce n'était point là le moyen de le relever. « Que vois-je, s'écrie un critique, quelques tableaux vraiment distingués, placés çà et là et confondus dans un ramassis énorme de toiles barbouillées qui n'auraient jamais dû voir le jour que sur le pont Notre-Dame. Je suis d'autant plus fâché de voir ces saloperies déshonorer le sanctuaire des beaux-arts, qu'elles sont, à n'en pas douter, la cause de la privation qu'éprouve le public, cette année, des chefs-d'œuvre de plusieurs de nos premiers artistes peintres d'histoire, qui n'ont pas voulu se compromettre en exposant leurs ouvrages dans cette pétaudière (1). »

(1) *Coup d'œil sur le Salon.*

« La peinture n'est point un art mécanique, dit un autre (1). Qu'importe aux connaisseurs que l'invitation du ministre remplisse le salon de croûtes du haut en bas? Que leur importe que le catalogue renferme 850 numéros? David, Renaud, Vincent, Giraudet et autres ne s'offrent point à leurs yeux. La liberté, qui, chez les anciens, enfanta des miracles, a, chez nous, éteint le génie de nos poètes et de nos peintres.

> « Que partout il est vanté
>   Le siècle où nous sommes !
> Et que notre liberté
>   A fait de grands hommes !
>   Va-t-en voir s'ils viennent
>   Jean,
>   Va-t-en voir s'ils viennent. »

Grand succès, cependant, pour le *Bélisaire* de Peyron, pour quelques paysages de Hue, qui continue la série des ports de France de Vernet, pour un tableau de Demarne. Un autre, de Laneuville, n° 224, représentant *la citoyenne Tallien* ayant dans les mains ses cheveux qui viennent d'être coupés, fit sur la foule une telle impression qu'on fut obligé de l'enlever dès le deuxième jour.

> « On n'a pas ôté sans raison
> Ce portrait, objet de scandale,
> La scène était dans la prison
> De la malheureuse Lamballe
> Et Cabarus dont les desseins

(1) *Les Rapsodistes au Salon.*

> Ne sont pas d'enhardir le crime
> Tenait, disait-on, dans ses mains
> Les cheveux de cette victime (1). »

Le n° 140 est à citer : *Boissy d'Anglas, président de la Convention au 1ᵉʳ prairial.* D'une main il repousse avec horreur la tête du député Ferraud qu'on lui présente au bout d'une pique, et de l'autre il rappelle l'assemblée au calme.

N° 149, par Dumoulin : *la Bataille de Hondscoohte,* victoire remportée par les troupes de la République sur l'armée anglaise commandée par le duc d'York.

N° 164, par la citoyenne Ferrey (Fanny), *l'Affreuse nouvelle.* C'est l'instant où une épouse, entourée de sa famille, apprend par une lettre la mort cruelle de son mari, victime d'un jugement révolutionnaire à Nantes.

> « Ce tableau d'un genre nouveau,
> Ce grand trait, ce fait héroïque,
> Ce chef-d'œuvre si beau, si beau,
> Offre cent mots à la critique.
> Cependant, je puis dire en deux
> Que cet incomparable ouvrage
> Est encore bien plus affreux
> Que la nouvelle qu'il présage (2). »

Notons, en terminant, un petit chef-d'œuvre de Houdon, *la Frileuse,* qui inspire ce quatrain :

> « On ne peut sans émotion
> Fixer cette fille adorable,

(1) *Critique du Salon.*
(2) *Critique du Salon.*

> Le sentiment, l'expression,
> En elle tout est admirable... (1) »

En 1797, les expositions se succèdent au Louvre. La galerie d'Apollon, dont les deux extrémités sont ornées de panneaux de glace qui semblent l'allonger indéfiniment, contient les émaux de Petitot et les meubles enlevés au garde-meuble royal. On entasse dans les greniers du palais les objets d'art venus d'Italie, jusqu'à ce qu'on ait réuni le Louvre aux Tuileries par la rue Saint-Honoré, « projet inexécutable depuis qu'un quartier entier de Paris, et le plus populeux, a été bâti dans l'intervalle ». A la place d'honneur de toutes ces salles d'exposition, on voit, au milieu d'un trophée d'étendards, le portrait d'un jeune général au teint pâle, aux cheveux longs, qu'on appelait alors le citoyen Buonaparte. A la porte du Muséum on grave cette inscription : *A l'armée d'Italie.*

En 1798, grande réforme : le jury commence à fonctionner régulièrement. « Il est vrai (2) que des hommes sans talent, sans génie, qui se disent peintres parce qu'ils appliquent des couleurs sur une toile, avaient osé braver les sifflets, et bientôt, l'élève qui commence à crayonner un œil sur la porte d'un cabaret aurait exposé de faibles commencements et des croquis... »

> « A la façon de Barbari,
> Mon ami ! »

(1) *Les Rapsodistes au Salon.*
(2) *Appel au public*, 1798.

« On avait au Salon dernier
Dans les passages, sous les voûtes
·Sans goût, comme dans un grenier
Entassé de mauvaises croûtes...
Mais grâces aux jurys nouveaux,
Apollon un peu plus sévère,
Expose aujourd'hui des tableaux
Dignes d'orner son sanctuaire (1). »

Gros expose *le portrait du général Berthier*, fait à Milan (n° 198); — Lejeune *la mort du général Marceau* (n° 266); — Thévénin, *Augereau au pont d'Arcole*; — Corbet (n° 513) la statue en pied du *général Buonaparte*. Cette statue doit être exécutée en marbre pour le gouvernement.

« Ton nom, au temple de mémoire,
Est gravé parmi les héros;
Déjà, de son burin, l'histoire
Pour ton buste grave ces mots :
Il sut aux lauriers de la gloire
Unir l'olivier de la paix,
Pour amante il eut la victoire,
Et pour amis tous les Français (2). »

Le n° 254 représente *la mort de Caïus Gracchus*. Topino-Lebrun, élève de David, en est l'auteur. Le gouvernement lui a accordé le prix, d'après le jugement de l'Institut, à la fête de la Fondation de la République, l'a indemnisé de ses dépenses, et a fait don du tableau à la ville de Marseille, d'où Topino-Lebrun était originaire. Accusé d'avoir conspiré contre la vie

(1) *Les tableaux en vaudevilles*, 1798.
(2) *Ibid*.

7.

de Bonaparte, Topino-Lebrun devait êtré fusillé deux ans après.

Notons encore (394) *une rue du Valais à Monley, au-dessous du pont de Saint-Maurice*, par Topfer, citoyen suisse, et surtout *Psyché et l'Amour*, de Gérard (n° 191) qui causa un véritable enthousiasme.

« L'Amour dont le regard doux et pur annonce vraiment la céleste origine, ose à peine toucher Psyché! Il la contemple avec un secret respect. Elle doit être son plus bel ouvrage. Ce n'est pas sur la bouche, c'est sur le front, siège de l'âme selon les anciens, qu'il va lui donner le baiser (1). »

> « Tu retraces si bien l'image
> De l'amour et de la pudeur,
> Qu'en examinant ton ouvrage
> Je sentis palpiter mon cœur.
> Amants, qui du bonheur suprême
> Goûtez les plaisirs chaque jour,
> Si ce n'est pas là comme on aime,
> Qu'appellerez-vous de l'amour ? (2) »

En 1800, tout est *à la Bonaparte*. Comme on sent en feuilletant le livret du Salon l'enthousiasme qu'excitait le jeune héros, au profil antique, dont la silhouette s'éleva si rapidement sur les ruines de la vieille monarchie française qu'elle fit oublier, pour un temps, dix-huit siècles de gloire.

N° 16, *la bataille de Lodi*.

(1) *Journal de Paris.*
(2) *La vérité ou les tableaux traités comme ils le méritent.*

N° 17, *le passage de Pô,* par Bacler Dalbe. — Ces deux tableaux ont été peints en Italie sous les yeux du général Bonaparte à qui l'auteur était attaché.

N° 401, *Portrait du Premier Consul.*

N° 403, *le général Consul Bonaparte conduisant un char avec la rapidité d'un héros qui sait vaincre tous les obstacles.*

N° 407, *Un petit bas-relief représentant le premier Consul.*

N° 410, *Le général Bonaparte, premier Consul de la République,* exécuté en marbre par ordre du Directoire.

Comme protestation contre ce genre de peinture héroïque alors à la mode, le vieux Greuze expose dix-huit tableaux de genre pastoral, comme au beau temps de Trianon et de Choisy. — Hélas ! neiges d'antan !

« Quoique cet ancien auteur se vante d'avoir encore la main aussi sûre (1), le pinceau aussi ferme, l'imagination aussi vive que dans la vigueur de son âge, et qu'il veuille enfin nous persuader que tous ses tableaux sont autant de poëmes, il nous permettra d'en douter, d'après les dix-huit morceaux qu'il vient d'exposer. »

Et voilà un homme enterré !

Enfin Callet expose un tableau allégorique *du 18 Brumaire.*

« Tout finit par des chansons », dit Figaro, termi-

(1) *La vérité au Muséum.*

nons donc par un vaudeville qui courut alors à propos de ce tableau, cette longue série des Salons de peinture pendant la Révolution.

> « Ce tableau-là, j'en conviens,
>   Ne saurait me plaire,
> Je n'y trouve rien de bien;
>   Qui donc l'a pu faire ?
> Mais pardonnons à l'auteur
> Qui rappelle à notre cœur
>   Le dix-huit Brumaire:
>
> On a fermé les prisons
>   Au dix-huit Brumaire :
> On a chassé les fripons
>   Au dix-huit Brumaire :
> De Cayenne on n'a plus peur.
> Mes amis, chantons en chœur
>   Le dix-huit Brumaire.
>
> Mais ce n'est pas encor tout,
>   Le Français espère
> Qu'il sera vainqueur partout
>   Au dix-huit Brumaire ;
> Tel est le vœu que je fais
> Puissions-nous avoir la paix...
>   Pour anniversaire ! (1) »

Avec le Consulat commence une nouvelle ère qui ne doit se clore qu'au retour des Bourbons de la branche aînée et qui nécessite une étude séparée. Adieu aux bergeries si chères aux cœurs sensibles du XVIIIe siècle. Austerlitz, Jaffa, le Sacre, les Pyramides... L'empereur va commencer à écrire sa colossale histoire qu'il faudra illustrer dignement.

(1) *Arlequin au Muséum.*

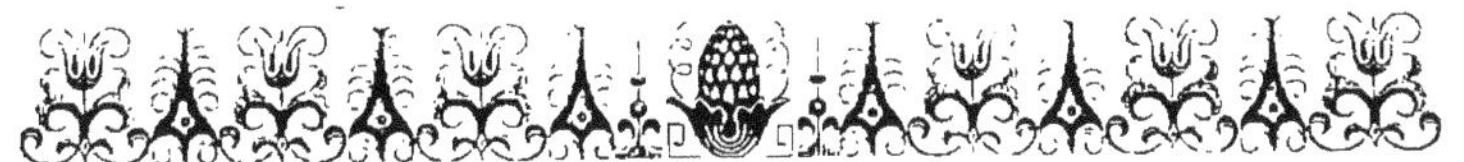

IX

LE LIVRET

Nous avons parlé du livret de l'Exposition de
1673, imprimé sur une double feuille, de for-
mat petit in-folio. On n'en connaît aujourd'hui
que trois exemplaires dont deux seulement sont com-
plets et appartiennent au département des imprimés
de la Bibliothèque nationale. Le troisième fait partie
de la collection Deloisne dont le cabinet des Estampes
a récemment fait l'acquisition. A ce dernier fait défaut
le frontispice, orné d'une fort bonne gravure représentant les armoiries de l'Académie. — Ces livrets por-

tent en titre : Liste des tableaux de MM. de l'Académie de peinture et de sculpture, exposés dans la cour du Palais-Royal. Les expositions suivantes de 1675, 1681 et 1683 n'ont point laissé de traces.

Le second livret fut imprimé à l'occasion de celle de 1699, qui se tint, comme on sait, du 20 août au 16 septembre dans la galerie du Louvre. Ce livret fut, dit-on, rédigé et publié par Perrault, l'auteur des *Contes de Fées*, qui se chargea de ce travail en sa qualité de membre du comité des devises dont il faisait partie avec Chapelain, Cassagne et l'abbé Bourzeis. Après sa mort, survenue en 1703, la rédaction du livret fut peu à peu abandonnée au concierge de l'Académie qui remplissait en même temps les fonctions de trésorier. A coup sûr, ce concierge dont le nom n'est point passé à la postérité, n'était pas mauvais courtisan. Tout, à cette époque, affectait la forme oratoire, même les lois, même l'histoire, même les livrets du Salon. Voici le début de celui de 1704 :

« L'Académie a toujours été persuadée qu'elle ne pouvait mieux faire connaître son application et son zèle pour la perfection des beaux-arts, qu'en exposant de temps en temps quelques morceaux de peinture et de sculpture faits par les Académiciens qui la composent. Elle sait que, quoique la plupart de leurs ouvrages soient faits pour contribuer à la majesté des temples et à la magnificence des palais, il ne laisse pas d'y en avoir un grand nombre d'autres qui ne sont pas plus tôt placés dans les cabinets où ils sont destinés, qu'ils sont souvent dérobés aux regards du public, et qu'ainsi les progrès que l'Académie fait dans les arts peuvent être ignorés, si elle n'avait soin de lui fournir de quoi réveiller son attention... »

Jusque-là, le rédacteur du livret n'avait suivi d'autre ordre que la hiérarchie établie entre les membres de l'Académie, commençant par énumérer les tableaux du recteur pour finir par ceux des agréés. Le livret qui parut le 18 août 1737 est précédé de l'avertissement suivant :

« Comme l'Exposition se fait dans un grand salon carré, et que M. Stiémar, chargé du soin de cette décoration, a été obligé, pour garder l'ordre et la symétrie, de placer de côté et d'autre les ouvrages d'un même auteur, l'on a eu attention dans cette description de désigner la hauteur et la largeur de tous les tableaux de grandeur extraordinaire ; et à l'égard des autres dont les formes sont moyennes ou petites, on ne pourra manquer de les reconnaître par l'arrangement indiqué qui y est exactement observé. »

Il est vrai qu'en cette année 1737, le nombre des œuvres exposées était de deux cent quatre-vingt-six, et que, sans cette innovation qui, soit dit en passant, se retrouve dans nos livrets actuels, il eût été fort difficile de s'y reconnaître. A partir de cette époque le livret paraît régulièrement à chaque exposition. Nous n'aurons donc plus qu'à en signaler les différentes modifications à mesure qu'elles se présenteront.

La plus importante est celle dont Reydellet, concierge de l'Académie et rédacteur du livret eut l'idée en 1742.

« Comme l'impression de ce petit ouvrage, dit-il, ne se donnait les années précédentes qu'après tout l'arrangement des tableaux dont les places étaient indiquées, l'on s'est aperçu que le public s'impatientait extrêmement pendant les premiers jours qu'il attendait cette explication. C'est pourquoi on a jugé à propos, pour satisfaire sa curiosité, d'y énoncer des numéros qui se rapportent exactement à chaque sujet, lesquels, sans être de suite, se pourront trouver aisément. Par ce moyen, on jouira de cette description presque à l'ouverture du salon. »

L'idée était ingénieuse ; pourtant la besogne n'était pas de beaucoup simplifiée ; et on se demande, non sans inquiétude, ce que les amateurs pouvaient bien comprendre à des explications de ce genre :

« L'ordre des numéros commence par les trois grands tableaux sur la corniche à droite de l'entrée, et en continuant de même par les rangs de dessous. Après quoi on reprendra le long de la corniche du côté de la cour, y comprenant les deux croisées, ainsi jusqu'en bas. On ira ensuite à celles de face, et on reviendra de même par les rangs dessous.

« A l'égard des croisées qui donnent sur le quai, on commencera par celle du fond, continuant jusqu'à la dernière, du côté du Pont Royal. »

Ce devait être en effet un véritable casse-tête que l'arrangement de ces tableaux. Le salon était éclairé par cinq grandes fenêtres, aujourd'hui murées, alors ouvertes sur le quai du Louvre. Il s'en suivait naturellement qu'une seule des cloisons se trouvait en pleine lumière ; les deux autres étaient éclairées d'un jour faux, et la quatrième ne l'était pas du tout. La meilleure place était reservée aux tableaux du recteur et à ceux des professeurs. Les Académiciens ordinaires étaient placés tant bien que mal. Quant aux malheureux agréés, leurs tableaux, relégués entre les fenêtres, ne recevaient qu'un reflet de jour douteux et fort nuisible à la peinture. Voilà, à peu près, comment se classaient les trois ou quatre cents tableaux qui formaient chaque année le contingent du Salon. Ajoutez à cela que le n° 1 appartenait de droit au recteur, le n° 2 au vice-recteur, et ainsi de suite ; de sorte que, suivant un critique de 1789, « l'arrangement des tableaux et l'ordre numérique du livret se contrarient tellement qu'ils n'offrent à l'amateur qui veut tout voir que deux moyens également ennuyeux et fatigants. Si l'on veut suivre l'ordre numérique du livret, il faut courir pendant deux heures, traverser en tous sens le Salon pour aller chercher des numéros qui ne se suivent pas. Le n° 1 et le n° 2, par exemple, sont entourés des n°ˢ 36, 340, 191 et le n° 3 est sur le mur opposé aux n°ˢ 1 et 2. Si l'on veut suivre, au contraire, l'arrangement des tableaux comme ils sont placés, il faut parcourir et feuilleter le livret d'un bout à l'autre pour chaque tableau dont on veut connaître l'auteur et le sujet, recherche que l'on fait assez patiemment pour

huit, dix ou douze grands tableaux capitaux, mais que
la gêne où l'on se trouve souvent par l'affluence, l'en-
nui de feuilleter sans cesse ce petit livret, une sorte
d'impatience assez naturelle aux Français, s'emparent
du spectateur, qui met le livre en poche, fait le tour
du Salon, voit tant bien que mal, tous les tableaux et
sort enfin, espérant avoir plus de patience une autre
fois. Pourquoi ne ferait-on pas comme à Londres (1).
On place tous les tableaux indistinctement, selon l'ordre seulement qu'exigent leur forme et leur grandeur.
Ensuite, on place sur le premier tableau, le plus près
de la porte d'entrée le n° 1 et sur le tableau le plus
voisin le n° 2, et ainsi de suite, de haut en bas, les
numéros suivants (2). »

Et dans un élan d'enthousiasme, le critique en question s'écrie : « Enfin, dans ce moment heureux pour la
nation (n'oublions pas que cet écrit date du mois
d'août 1789), où tous les ordres se remuent, où les
grands se font un plaisir de se rapprocher de ceux
qu'ils avaient appelés jusqu'alors leurs inférieurs,
quel bel exemple d'égalité donnerait notre école française, en n'établissant la primauté numérique que sur
le hasard et la convenance locale ! »

C'est fort touchant, et les âmes sensibles de cette
époque, où Jean-Jacques Rousseau avait mis l'émo-

(1) L'exposition des tableaux se faisait à Londres à la même
époque que celle de Paris. Elle avait lieu dans une salle du
magnifique palais de Sommerset.

(2) *Lettre sur l'exposition des tableaux au Salon de 1789.*

tion à la mode, en durent être remuées. Cela n'empêche pas que quelques années plus tard, on adopta le système si vanté, et qu'on dut y renoncer dès l'exposition suivante, tant furent vives les réclamations du public qui ne comprenait rien à ce nouvel ordre de choses.

L'avertissement du livret de 1755 nous apprend qu'à cette époque il était rédigé par Cochin. Il fut, quelques années après, remplacé par Renou, auquel l'Académie payait pour cet office un traitement de 300 livres. Ce n'était point, du reste, une sinécure. Deux mois avant l'ouverture du Salon, les portes de l'Académie étaient ouvertes aux artistes qui venaient consigner le titre et les dimensions de leurs œuvres. Quant au produit de la vente du livret, abandonné d'abord au concierge par la négligence de Lépicié, secrétaire de l'Académie, il fit retour, quelque temps après, à l'Académie elle-même dont c'était là le principal revenu pécuniaire. « Nous espérons, dit une lettre de Cochin à M. de Marigny, avec le profit du livre, payer les dettes les plus pressantes, telles que ce qui est dû aux modèles qui ne sont pas dans le cas d'attendre. L'Académie n'est pas riche, elle n'est pas en état de rien négliger, encore moins de rien perdre (1) ».

. Le concierge et les modèles de l'Académie touchaient deux sous par chaque exemplaire vendu.

(1) Guiffrey, *Notes et documents inédits.*

C'était aussi sur le produit de cette vente que l'on payait le suisse et les invalides chargés de la garde du Salon pendant la durée de l'exposition.

Lors des réparations du Pont-Neuf en 1776, on construisit, dans les espèces de tourelles qui se trouvent sur chaque pile, des boutiques en pierres et voûtées, au nombre de vingt. Le Roi accorda le prix de la location de ces boutiques à l'Académie, qui, grâce à cette nouvelle ressource, put liquider une partie de son arriéré.

Le livret s'imprimait chez Colombat, dont les ateliers se trouvaient à l'Imprimerie royale, située au rez-de-chaussée du Louvre, au bord de la rivière. — Le jour qui précédait l'ouverture du Salon, on en présentait au Roi un exemplaire doré sur tranche et relié en maroquin bleu. Le mémoire suivant nous a paru, à ce propos, mériter un certain intérêt.

En septembre 1755.

Fourni 8000 exemplaires du livre d'explication des tableaux, contenant deux feuilles in-12 d'impression avec des chiffres en marge, en forme d'addition, sur papier carré fin, à raison de 120 livres le mille, font ensemble la somme de. . . . . 960 l. » sols.

Pour brochure et rognure des 8000 exemplaires à raison de 12 livres, 10 sous le mille, font ensemble la somme de. . 100 » —

Pour dorure sur tranches, et papier
gaufré, fourni pour 250 des mêmes
livres, la somme de. . . . . 24 l. » sols.
Fourni 14 couvertures en maroquin,
dont une bleue et 13 rouges, dorées
plein, avec les armes du Roy, à 3 livres pièce, font ensemble la somme de. 42 » —
Plus, deux autres des mêmes couvertures dont une avec les armes de
madame la marquise de Pompadour,
et l'autre avec celles de M. le marquis de Marigny, à 3 livres pièce, font
ensemble la somme de. . . . . . . 6 » —
Plus 6 des mêmes couvertures, dorées
plein, et sans armes à 50 sols pièce,
la somme de . . . . 15 » —
Pour 9 autres des mêmes couvertures,
dorées de dentelles et roulettes à fleurs
de lys à 40 sols pièce font ensemble la
somme de. . . . . 20 5 —
Plus, pour les ouvriers de l'imprimerie,
selon l'usage, la somme de. . . . . 12 » —

        1179 l. 5 sols.
    Réduit à   835 5 —

Payé sur le produit des petits livrets.

(En marge.) « Ce mémoire a été réduit à raison de
77 livres le mille, et c'est encore trop. En faisant

le prix d'avance, on doit le faire à 60 livres le mille au plus et bien payant. »

Au XVIIIe siècle, le livret se vendait 12 et 15 sols. Pendant la Révolution, il monte à 20 sous, pour retomber à 75 centimes sous l'Empire. Depuis 1814, son prix est resté fixé à un franc.

> « Aux tableaux, plus d'un amateur
> N'entendrait rien, sans cette liste ;
> C'est la faute du spectateur
> Et parfois celle de l'artiste..... (1) »

Aussi, tout le monde l'achète, et tous se plaignent de la petite dépense que l'exposition leur impose, et pourtant l'entrée du Salon était gratuite à cette époque.

« J'avais vu en bas (2) des femmes qui avaient devant elles des petits livrets. On me dit que c'était l'explication de tout ce qu'on y voyait. J'imaginai que c'était une galanterie de l'Académie royale qui faisait imprimer ces livrets à ses frais, et une adresse de MM. les peintres qui, n'ayant pas comme moi l'esprit de faire des tableaux parlants ou l'intelligence de mettre le nom au bas de la chose, avaient fait imprimer dans ce petit cahier le mot de leurs énigmes.

« J'en demande un, et je fus très scandalisé lorsqu'on me dit qu'il fallait payer douze sols. Je ne fus pas si

---

(1) *La Peinturomanie,* 1781.
(2) *Le Salon de 1759.*

sot, j'aime mieux dépenser cette somme avec toi à la *Grande Pinte*. Je m'en suis passé. »

En 1791, deux livrets paraissent simultanément, un conflit s'engage. Le premier porte ce titre :

Explication des peintures, sculptures et gravures de Messieurs de l'Académie royale, dont l'exposition a été ordonnée par Sa Majesté.

Suit un cartouche aux armes de France, et plus bas :

Les circonstances, ayant occasionné quelques lacunes dans le travail, plusieurs artistes ont désiré exposer de leurs morceaux qui ont déjà paru dans les Salons précédents.

Les Académiciens, on le voit, n'avaient point voulu unir leurs noms à ceux de la foule d'artistes tant français qu'étrangers auxquels un décret de l'Assemblée venait d'ouvrir les portes du Salon. Ceux-ci ripostèrent à cet affront en publiant sous ce titre la liste de leurs ouvrages :

Ouvrages de peintures, sculptures et gravures, exposés au Louvre par ordre de l'Assemblée nationale au mois de septembre 1791, l'an III de la liberté.

Bien petit, mais bien frappant exemple de la rivalité qui existait alors entre les deux pouvoirs souverains : la Cour et l'Assemblée. L'Académie tenait pour le Roi. Elle avait amassé contre elle une somme de haines qui devaient, un an plus tard, la renverser avec tant

d'autres choses sur les débris de la monarchie. Le
règlement qui interdisait aux tableaux de tout peintre
ne faisant point partie du corps académique l'entrée de
l'Exposition, avait surtout le don d'exaspérer les amis
de la liberté. Cependant, comme l'a fait remarquer
avec justesse M. Guiffrey (1), il était avec ce règlement
sévère des accommodements. Dès qu'un artiste avait
donné des preuves de dispositions réelles, il obtenait
facilement l'agrégation qui lui conférait le droit d'exposer au Louvre.

« Les anciennes expositions n'étaient donc point aussi
exclusives qu'on pourrait le croire au premier abord.
Tout artiste un peu bien doué obtenait aisément le
droit d'y paraître. D'ailleurs, il ne faut pas oublier
non plus que l'Académie tenait de la faveur royale
seule tous ses privilèges ; qu'elle devait au Roi, non
seulement son existence, mais toutes ses ressources,
que les expositions, dont l'entrée était toujours gratuite, se tenaient dans le Louvre, c'est-à-dire chez le
Roi ; enfin que l'Académie n'avait à supporter qu'une
bien faible partie des dépenses qu'occasionnait l'exposition, tandis que la vente du livret devenait pour
elle une source de revenus importants. »

(1) *Notes et documents inédits.*

X

LE SALON

SOUS L'EMPIRE ET LA RESTAURATION

Les portraits de Napoléon. — Batailles. — Vaudevilles. —
Comédies critiques. — Girodet-Trioson. — Gros. — Autres
batailles. — Le couronnement. — Salon de 1814. — Le
retour des Bourbons. — La cocarde blanche. — Actualités.
Le comte de Saint-Priest. — Salons de 1817 à 1827.

CE ne serait point une petite tâche d'écrire l'histoire du Salon de peinture pendant le règne de Napoléon Ier. Le nombre des ouvrages exposés qui,
en 1791, au dernier Salon académique, avait été de 321,
s'élevait progressivement d'une façon extraordinaire.
En 1801, 268 exposants envoyaient 485 ouvrages. En
1802, 291 exposants, — 701 ouvrages. En 1807, 360
exposants, — 699 ouvrages. En 1808, 411 exposants
et 802 ouvrages. En 1810, 531 exposants, — 1711 ou-

vrages. En 1812, 557 exposants, — 1299 ouvrages. Enfin en 1814, 507 exposants, — 1359 ouvrages.

Du reste, un seul homme remplit alors le monde, c'est Napoléon. A chaque Exposition, son nom figure plusieurs fois au livret.

> « Nous voyons ses portraits partout,
> Chacun peint ce grand personnage ;
> Quoi ! peintres sans talent, sans goût,
> Vous osez tracer son image !
> Ce héros est couvert d'honneurs,
> Mais ses palmes seraient peu sûres
> S'il n'était pas, dans tous les cœurs,
> Plus vivant que dans vos peintures (1). »

En 1801, un capitaine du génie, du nom de Lejeune, expose un tableau de *la bataille de Marengo, le 25 prairial an* VIII Prud'hon donne au Salon une grande allégorie de *la Paix*. Bonaparte y figure à côté de la victoire. Taunay a envoyé trois tableaux : *Le général Bonaparte recevant des prisonniers sur le champ de bataille, après une de ses victoires en Italie, —Passage des Alpes, par le général Bonaparte, — Le général Bonaparte, endormi sur le chemin qu'il a frayé à l'armée française, est contemplé avec la plus tendre sollicitude par les soldats qui défilent devant lui.* — Un élève de David, nommé Broc, expose *un épisode de la mort de Virginie.* Le roman de Bernardin de Saint-Pierre était alors dans toute sa vogue.

(1) *Croutinet, ou le Salon de Montargis.*

« Aidez-moi donc à deviner
Ce que fait Paul à Virginie.
Comme il est à l'examiner,
Et comme sur elle il s'appuie !
Il l'étouffe, sur mon honneur,
Pour abréger son agonie... (1)

Plusieurs projets sont exposés, à la section d'architecture, pour les ponts à construire sur la Seine à Paris, et l'on chante :

Pour en garnir la rivière
On fait si peu de façons,
Que bientôt il faudra faire
Des rivières pour les ponts.

En 1802 Phélippeau envoie à l'Exposition une toile représentant *une Vue d'après nature de la cérémonie célébrée à Notre-Dame le 28 germinal an X, en l'honneur de la paix*. L'instant est celui du serment prêté par les archevêques et les évêques entre les mains du Premier Consul, en présence des autorités de la République.

De Swebach : *La bataille de Zurich.*

— *La bataille du Monthabor.*

Mme Lebrun, de la ci-devant Académie, reparaît au Salon avec un *portrait du dernier roi de Pologne*.

Moreau le jeune exposait alors ses délicates gravures aujourd'hui si recherchées. Ingres envoyait un *portrait de femme*, Calva avait modelé un *buste*

(1) *L'observateur au Muséum.*

en cire du citoyen *Lebrun, troisième consul*, et Chaudet donnait sa jolie statue de l'*Amour* qui est restée la propriété du Musée.

Les critiques, du reste, allaient toujours leur train ; et, suivant la mode laissée par le siècle précédent, elles affectaient encore cette forme légère et badine qu'elles devaient bientôt quitter.

> « Ne sait-on pas que le Français
> Toujours par la gaité se mène ?
> Il fuit les gens d'un sombre accès,
> Mais en l'amusant on l'enchaîne
> Gai, dans toutes ses actions,
> Au plaisir seul il est docile :
> Jusqu'à ses constitutions,
> Il lui faut tout en vaudeville. »

Un nouveau genre, qui ne dura point était alors assez en vogue. Il consistait à faire jouer sur les théâtres des boulevards des pièces où l'on passait en revue le Salon de peinture et où l'on discutait les tableaux. Il nous est resté *Croutinet ou le Salon de Montargis*, comédie en 1 acte. — *Les tableaux chez Séraphin*. — *Madame Angot au Muséum*. — *Les portraits au Salon ou le mariage imprévu*, comédie par B. Rougemont et A. Moreau, représentée à Paris le 15 brumaire an X, sur le théâtre de la Gaieté.

En 1804, une nouvelle ère commence. Napoléon, que parfois les lauriers artistiques de Louis XIV empêchaient de dormir, méditait entre deux batailles une restauration des arts. Malheureusement ces choses-là ne s'ordonnent pas, et l'école de l'Empire n'occupe dans l'histoire de l'art qu'une place inférieure, malgré les noms illustres qu'elle peut réclamer.

Le premier de tous est Girodet-Trioson, qu'un petit scandale avait rendu célèbre au Salon de 1799. Mlle Lange, célèbre actrice du théâtre Feydeau lui avait alors commandé son portrait, qu'une fois achevé elle refusa comme peu ressemblant. Girodet indigné le déchira et envoya sa toile en lambeaux chez la comédienne. Puis, se remettant au travail, il exécuta en quelques jours une *Danaë*, qui, sous les traits de Mlle Lange recevait une pluie de gros sous au lieu de la pluie d'or mythologique. Dans un coin du tableau un dindon faisait la roue. Je vous laisse à penser si la *Danaë* de Girodet eut du succès, et les couplets qui se débitèrent à cette occasion !

Girodet fut un des rares artistes dont Napoléon daigna s'occuper. Il lui commanda, pour la Malmaison, cette grande toile de *Fingal et d'Ossian recevant aux Champs-Élysées les généraux de la République*. Un monde de nymphes, fort décolletées, fraternisent dans les nuages avec les vieux grenadiers de Valmy. Girodet fut mieux inspiré, quand, en 1806, il donna au Salon sa *scène du Déluge*, sa plus belle page selon nous, qui est aujourd'hui au Musée du Louvre. Girodet avait exposé en 1804 le *portrait en pied de feu M. Bonaparte*, père de Sa Majesté, et Gros, qui devait, quelques années plus tard, avoir une fin si tragique, le *tableau des pestiférés de Jaffa*. L'enthousiasme fut

8.

immense. L'auteur fut porté en triomphe depuis la cour du Musée jusqu'au milieu du Salon, et son tableau resta, pendant toute la durée de l'exposition, encadré d'une guirlande de lauriers.

« J'ai été ce matin au Salon (1) où j'ai vu d'assez belles choses. Le plus beau tableau qui y soit, sans aucune contradiction, est celui qui représente la visite de l'Empereur aux pestiférés d'Égypte, par Gros. Le dessin, la composition, la couleur, tout y est très soigné. David l'a couronné sur-le-champ, et il l'a bien mérité. Il y a encore un autre tableau d'Hennequin qui fait mal à voir, et qui est d'ailleurs assez mal composé. C'est celui qui représente ce malheureux événement de Quiberon. Le cœur se serre à l'aspect de ces Français s'égorgeant entre eux, et je vous avouerai que c'est avec répugnance que je me suis vue obligée d'expliquer à mon fils ce triste sujet. On dit qu'il a été fait par un ordre supérieur, mais outre qu'il est mal exécuté, je ne sais quel heureux effet il peut produire. J'ai vu aussi un beau tableau de fleurs de Vandaël, qui appartient à l'Impératrice. Ensuite le dessin d'Isabey qui est charmant, et dont toutes les figures sont d'une ressemblance parfaite. Enfin, un joli petit tableau de ce Richard qui a fait la Valentine de Milan, qui représente François Ier, et que les connaisseurs mettent à côté des Gérard Dow. Vous devriez engager l'Impératrice à l'acheter. »

Gros, comme on le voit, eut ses jours de triomphe.

(1) *Lettres de Mme de Rémusat.*

Plus tard, il devait être couronné devant Charles X, sous la coupole du Panthéon, par M. de Peyronnet alors ministre, en présence de tous ses élèves. Songeait-il à ces jours de gloire, quand découragé, vaincu par les critiques de l'école romantique alors naissante, il s'alla jeter dans un étang perdu au fond des bois de Meudon?

Cette fin tragique n'arrêta pas la fureur des romantiques, qui commençaient à déployer leur fameux drapeau de la nature et de l'art. Il faut dire que le public ne prenait pas grand goût à ce nouveau genre de peinture qui lui paraissait appartenir un peu à l'ordre échevelé :

> « Jadis, pour peindre avec succès,
> Dessiner était nécessaire :
> Aujourd'hui, nos peintres français
> Adoptent une autre manière.
> Nos neveux, le fait est certain,
> Prenant une route plus sûre,
> Sans avoir appris le dessin
> Pourront enseigner la peinture. »

Leur temps n'était pas encore venu. Les Salons de 1808 et de 1810 devaient porter à son apogée l'art imposant et froid de l'école de David, tant en faveur à cette époque.

Le maître, David, y exposait le *Couronnement de l'Empereur.*— *La distribution des Aigles* et *les Sabines ;* Gérard, *la bataille d'Austerlitz ;* Girodet, *Atala* et *la révolte au Caire ;* Gros, les *batailles d'Eylau* et *des*

Pyramides ; Prudhon, la *Vengeance* et *Psyché enlevée par les Zéphirs ;* — Bossio sculptait un *Amour* et Chaudet *Cyparrise*. Houdon ajoutait un corps au *buste de Voltaire*, qu'il avait exposé en 1785, et en faisait la belle statue qui est au Théâtre-Français.

Cependant les événements avaient marché. L'aigle qui planait au-dessus du Louvre avait replié ses ailes, et n'était déjà plus qu'un point noir, perdu, là-bas, au milieu de la Méditerranée, et, comme il s'était trouvé des peintres pour immortaliser les saturnales de la Révolution et les gloires de l'Empire, il s'en trouva pour célébrer le retour des Bourbons exilés. Il ne faut pas demander aux artistes d'être fidèles à un régime. Une action d'éclat les enflamme, une scène touchante les attendrit. Ils sont un peu comme les girouettes qui ne se fixent que quand elles sont rouillées. Ceux qui avaient vu le grand Empereur mettant sur son front la couronne d'Occident, dans son costume un peu théâtral, panaché des héros antiques et des mignons d'Henri II, avaient crié : *Vive l'Empereur !* aussi franchement qu'ils criaient : *Vive le Roi !* maintenant qu'ils assistaient au retour de Louis XVIII, rentrant dans Paris au milieu d'un délire de joie, et souriant au peuple, du fond de sa voiture à caisse bleue, semée de fleurs de lis d'or.

Le 4 mai 1814, Louis XVIII avait repris possession de sa capitale. Le Salon s'ouvrit le 1er novembre suivant. On dit qu'un ordre du Roi fit effacer des tableaux de bataille déjà terminés la cocarde tricolore pour y substituer la cocarde blanche, et, à propos de ce petit anachronisme, on cria à la tyrannie et à l'inquisition.

Le mal, franchement, n'était pas bien grand. Qu'aurait dit l'Empereur, s'il avait appris qu'un artiste osât sous son règne arborer, même en peinture, la cocarde blanche, lui, qui ne pouvait souffrir le nom de Condé, fût-ce à l'étranger?

Qu'aurait fait la République, elle, qui dans sa fureur stupide se ruait sur les monuments portant la trace de la grandeur de nos rois, et les démolissait pierre à pierre ?

Citons quelques tableaux du Salon de 1814, qui, au point de vue historique, présentent un intérêt d'actualité.

Augustin. — *Le portrait du Roi.*

—   — *de M. le duc de Berry.*

—   — *de M. le duc d'Orléans.*

Auzou. — *Une des croisées de Paris le jour de l'arrivée de S. M. Louis XVIII.*

Bajetti. — *Vue des Tuileries au moment de l'entrée de Louis XVIII.*

Dabor. — *Les lis à la sortie des Tuileries.* Deux jeunes personnes se partagent une branche de lis à la sortie du *Te Deum* chanté à Notre-Dame le jour de l'entrée de S. M. Louis XVIII à Paris.

Finot. — *Portrait de Mme la Dauphine mère de S. M. Louis XVIII* d'après Nattier.

Fremy. — *Arrivée de son Altesse Royale Monsieur à Paris.*

Garnerez. — *Louis XVI au Temple.*

Géricault. — *Un hussard.*

Girodet-Trioson. — *M. de Sèze méditant la défense du Roi Louis XVI, — M. de Chateaubriand au milieu des ruines de Rome.*

Gros. — *François I*^{er} *et Charles Quint, visitant l'église de Saint-Denis*

Hollier. — *Portrait de M. Talma, du Théâtre-Français.*

Ingres. — *Le pape Pie VII tenant chapelle.* La scène se passe dans la chapelle Sixtine à Rome.

Ponce Camus. — *La mor de Jacques Delille.*

Roben. — *Louis XVI au séjour des bienheureux reçoit le duc d'Enghien.*

Robinau. — *Vue du Tombeau de Louis XVI.*

Carle Vernet. — *Son Altesse Royale, M. le duc de Berry en uniforme du 6*^e *régiment de lanciers.*

Horace Vernet. — *Portrait en pied d'un garde d'honneur.*

Vigneron. — *Portrait de S. A. R. M*^{me} *la duchesse d'Angoulême.*

En sculpture, Descine exposait les *bustes de Louis XVI et Louis XVII.* — Flatters, *le buste de Nourrit, artiste de l'Académie royale de musique* et Guichard, ceux de *S. M. l'empereur Alexandre et du comte de Saint-Priest.*

Ce comte de Saint-Priest, s'était rendu presque célèbre à l'armée des émigrés. Lorsqu'il entra le 1er janvier 1814 dans la forteresse de Coblentz, que venaient
d'évacuer les troupes impériales, il trouva sur la place
de la ville une fontaine où un préfet chauvin avait gravé
cette inscription.

AN MDCCCXII

Mémorable par la campagne
contre les Russes
Sous le préfectorat de Jules
DOAZAN.

Le comte de Saint-Priest laissa subsister cette phrase
et fit graver au dessous :

Vu et approuvé par nous
commandant russe de la ville de Coblentz
le 1er janvier 1814.

Les Allemands ont respecté ce souvenir de nos dis-
cordes politiques, et la fontaine de Saint-Priest se
voit encore à Coblentz.

Les événements de 1815 reportèrent le Salon suivant à 1817. Cette exposition, ainsi que celles de 1819,
1822 et 1824, appartient déjà tout entière à la peinture
contemporaine. Un seul Salon se tint au Louvre pendant le règne de Charles X, celui de 1827.

Géricault, Ingres, Horace Vernet, Delacroix, Léopold
Robert, Foyatier, Delaroche, voilà les noms nouveaux

qui vont prendre la succession de l'école déjà décrépite de David et de Gros. Plus tard il s'agira de meubler le Musée de Versailles, ce monde de palais, trop petit pour la grandeur de Louis XIV et que toute les gloires de la France suffisent à peine à remplir aujourd'hui.

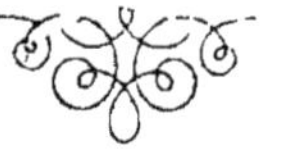

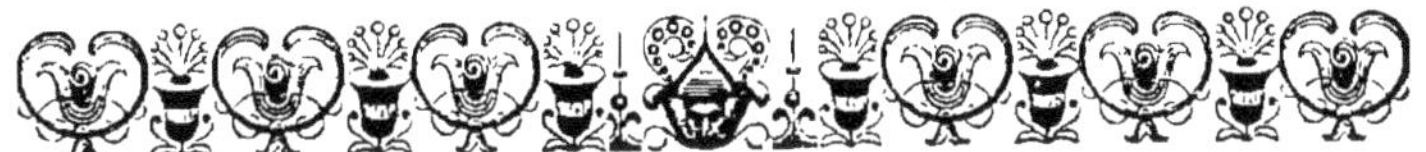

XI

LE SALON DEPUIS LA RESTAURATION

Classiques et romantiques. — Salons de 1824 et 1827. — Decamps.— Théodore Rousseau.— Delacroix. — Delaroche. —
Horace Vernet. — Critiques. — Les galeries de Versailles.
— Les derniers Salons du Louvre.— Le Salon aux Tuileries.
— Expositions de 1850 et 1852 au Palais-Royal. — Exposition universelle de 1855. — Le Salon de peinture au palais
des Champs-Élysées.

Dès 1824, la nouvelle école romantique était
dignement représentée à l'exposition du Louvre. Delacroix y figurait avec *le massacre de
Scio*, Ary Scheffer avec *la mort de Gaston de Foix*,
Eugène Devéria avec une *Madone*. C'étaient là, certes,
des œuvres à discuter : et pourtant la critique s'était
montrée inexorable : « Figurez-vous des toiles sur
lesquelles on aurait jeté une éponge imbibée de couleurs. On ignore de quelle nature sont les arbres, où

9

commencent les figures et où elles finissent ; les ciels sont barbouillés de gris..... (1) »

C'est au Salon suivant, en 1827, que devait se livrer la bataille décisive. Les forces classiques étaient, il faut l'avouer, composées d'une façon assez piteuse. L'*Adam et Ève* de Paulin Guérin, le *Saint Martin* de Gassies, le *possédé* de Forestier..., etc., ne pouvaient soutenir la lutte avec le *Sardanapale* de Delacroix, le *Mazeppa* de Louis Boulanger, les *Janissaires* de Champmartin, les *femmes souliotes* d'Ary Scheffer. Ce fut une déroute.

Le triomphe de la nouvelle école fut plus éclatant encore au Salon suivant. En 1831, Delacroix exposait son beau tableau de *Liberté*, qui inspirait à Gustave Planche les lignes suivantes : « La lutte commence à s'épuiser. Le temps de l'épreuve s'achève ; bientôt l'initiation sera complète ; avant un an peut-être le public rougira, sans qu'on l'en prie, des triviales plaisanteries qu'il a écoutées et répétées... Gros, Géricault et Delacroix, voilà les trois grands noms que notre école va donner à l'histoire de la peinture (2). »

Nous ne pouvons suivre dans ses détails cette lutte homérique, que Théophile Gautier a racontée dans son histoire du romantisme. Aujourd'hui que la guerre est terminée et que la paix est faite entre les deux écoles, on peut, sans trop s'avancer, reconnaître que la vérité,

(1) *Revue du Salon de* 1824.
(2) *Le Salon de* 1831.

le sens artistique et l'intelligence de la nature étaient du côté des romantiques. C'est de Constable et de l'école de 1830 que date le paysage. Auparavant la nature n'était pas inventée. Où est le temps où Montaigne disait : « Au-dessous de Schaffhouse, le Rhin rencontre un fond de gros rochers où il fait un grand sault. Cela arreste le cours des bateaux et interrompt la navigation de ladite rivière. »... Et c'est tout ! Nos pères ne comprenaient pas les grandes scènes de la nature, un paysage ne leur plaisait qu'à condition d'être taillé, frisé, aligné au cordeau et peuplé de statues, comme ces tableaux de Claude le Lorrain où l'on voit à la fois une forêt, des moissons, la mer, et, au premier plan, sous un ciel étincelant, un palais de marbre dont les degrés baignent dans l'eau. Ils ne s'en cachaient pas, du reste, et un critique se demandait non sans effroi (1) : « Que deviendrait l'art du paysagiste, si, toujours trop timide, il n'osait s'élancer dans le domaine de l'histoire ? Toujours des arbres, des arbrisseaux, de l'air, de l'espace et des plans... que m'importent toutes ces choses ! »

Aujourd'hui le temps est venu que rêvait Mercier (2), la nature semble rendue comme dans un miroir ; les peintres l'aiment et l'étudient. On n'habille plus comme au grand siècle les héros du temps de Louis XIV de toges romaines et de robes de pourpre. Le moindre

(1) *Salon de* 1824.
(2) *L'an* 2,440. *Rêve s'il en fut jamais.*

détail d'un tableau d'histoire demande des mois de recherches et de travaux sérieux.

Qui n'a lu, dans les *Souvenirs* d'Alexandre Dumas, ces bonnes soirées passées dans un atelier d'artiste, encombré de vieilles armures moyen âge, de tomahawks canadiens, de sabres orientaux, de porcelaines chinoises, de stylets, de pantoufles, de calottes, de cristaux, de peaux de lions, d'oiseaux empaillés.... C'est chez son ami Decamps que le cher conteur nous introduit (1), chez Decamps qui s'est révélé au Salon de 1827 par deux tableaux dont un connaisseur disait : « M. Decamps n'a fait que deux petits ouvrages, mais je les aime mieux que ceux des plus grandes productions... historiques, comme disent MM. tel et tel, de leurs compositions, où l'histoire, la nature et la raison sont trahies dans chaque figure.

« Les deux tableaux de M. Decamps sont des morceaux remarquables par le ton local, la franchise et la finesse de la touche. C'est *la Chasse aux Vanneaux*, et *le Soldat de la garde d'un visir* (2). »

Decamps fut peut-être le premier qui sut peindre ce qu'il voyait et qui mit en pratique le conseil si bien énoncé par Topffer : « Donnez trois quarts d'œil à votre modèle, le dernier quart seulement à votre copie. »

Au lieu des Turcs de convention proprement habillés de jupes bouffantes et de bonnets de soie qui se succédaient à chaque Salon depuis les *Scènes d'Esther*, de

(1) *Jacques i et Jacques ii.*
(2) A. Jal. *Esquisse sur le Salon de 1827.*

Coypel, Decamps prit le parti d'aller chercher ses modèles en Orient, et il en rapporta *la Patrouille* et *la Maison turque* qu'il donna au Salon de 1831.

Gustave Planche écrivait, à l'occasion de ces deux tableaux que, « depuis Rembrandt, aucun peintre ne fut plus amoureux de son œuvre, plus coquet et plus habile. »

Et Théophile Gautier disait dans son style éblouissant que « Decamps était beau et coloré comme une orientale d'Hugo (1) ».

En 1834, Decamps exposa les *Chevaux de halage* qui sont aujourd'hui au Louvre, et la *Défaite des Cimbres*. En 1839, il donna les *Singes artistes, musiciens, cuisiniers*, que la gravure a rendus populaires. Nous le retrouverons avec toute son œuvre à l'exposition de 1855.

Ce que Decamps fit pour l'Orient, Théodore Rousseau eut le courage de le faire pour le paysage. Vous vous rappelez ces arbres d'ébène, ces nuages roses, ces lointains bleuâtres tant en faveur au siècle dernier. Rousseau peignit des arbres « qui n'étaient pas la gaine d'une hamadryade, mais bien des naïfs chênes de Fontainebleau, d'honnêtes ormes de grand'route, de simples bouleaux de Ville-d'Avray, et tout cela sans le moindre temple grec, sans le moindre Ulysse, sans la plus petite Nausicaa. Il allait surprendre la nature, le

(1) *Salon de 1833.*

matin, en déshabillé, quand elle croit que personne ne la regarde (1). »

Rousseau exposait en 1834 la *Lisière d'un bois coupé*; en 1836, l'admirable *Allée de châtaigniers* qu'il présenta au jury fut refusée, et depuis cette époque jusqu'en 1849, il ne put franchir l'entrée du Salon.

Que d'autres noms illustres à citer dans les livrets de ces expositions qui eurent lieu pendant le règne de Louis-Philippe : Delacroix, d'abord, qui longtemps passa pour le chef de la nouvelle école, et qui, dès 1822, en avait lancé le manifeste avec sa fameuse *barque du Dante*; Devéria qui donna en 1831 la *Mort de Jeanne d'Arc*; Léopold Robert qui envoyait au Salon de la même année son célèbre tableau des *moissonneurs*; Ingres, qui donne en 1842 son *Apothéose d'Homère*; Jadin qui rapportait de si jolies scènes de genre de son voyage en Sicile; Giraud qui avait accompagné Alexandre Dumas dans sa fameuse Odyssée espagnole; Delaroche qui exposait en 1835 la *mort du duc de Guise* et qu'on chargeait, vers la même époque, de peindre à fresques l'église de la Madeleine.

Celui-là aussi fut un maître, un peu bourgeois, il est vrai, un peu transigeant; quelque chose comme le Casimir Delavigne de la peinture. Lorsque parut en 1831 son tableau des *Enfants d'Edouard* dont les détails sont si bien étudiés qu'on peut, dit-on, compter les fentes du parquet, Gustave Planche s'en vint le

(1) Th Gautier.

considérer de fort près, une loupe à la main, et, montrant un petit coin de la boiserie du lit, sali à dessein par l'artiste : « Voilà de la poussière bien propre, » dit-il. Aux *Enfants d'Edouard* succédèrent en 1834 *Jane Gray*, tableau, où, d'après Théophile Gautier, « il n'y a pas un œil », et *le Comte de Strafford*, où, suivant le même, « il n'y a que des mains ». Delaroche donnait en 1837 *Charles Ier insulté par les soldats de Cromwell*.

Dans cette belle époque de renaissance, les noms secondaires sont ceux de grands artistes qui feraient à eux seuls la gloire d'une époque. Horace Vernet, ce rejeton de toute une dynastie de peintres, commençait la série de ses tableaux chauvins qui ont si fort enthousiasmé nos pères : le *Grenadier de Waterloo*, le *Soldat laboureur*, la *dernière Cartouche*, le *Cheval du trompette*, le *Chien du régiment* et tant d'autres qu'il couronna en 1845 par la *Smalah*, aujourd'hui dérobée aux regards du public, dans une galerie fermée du palais de Versailles. Ary Scheffer qui donnait en 1835 sa *Françoise de Rimini* ; Flandrin qui devait plus tard peindre Saint-Germain des Prés et qui envoyait au Salon de 1847 un *Napoléon au conseil d'État*.

Devéria exposait, la même année, *la Naissance d'Henri IV*, Robert Fleury, *Galilée devant ses juges* et Couture ses *Romains de la décadence*.

Notez que les critiques de ces belles expositions étaient signées : Théophile Gautier, Alfred de Musset, Gustave Planche, Jules Janin..... et que M. Thiers lui-même débuta dans la vie littéraire en *faisant le Salon* au *Constitutionnel*.

Il est temps de nous rappeler que nous n'écrivons pas une histoire de l'école française, et de rentrer dans notre modeste monographie des Salons parisiens. Que de noms encore aujourd'hui connus et aimés du public nous faut-il passer sous silence ! Divers petits incidents nous réclament qui rentrent plus directement dans notre tâche et qui ne laissent pas de présenter un certain intérêt.

Et d'abord, il n'est pas permis de laisser passer cette époque sans consacrer quelques lignes à la plus nombreuse et à la plus riche exposition de peinture qui fût jamais. Le 12 juin 1837, avait lieu l'inauguration des galeries de Versailles. Les Parisiens avaient oublié le chemin du vieux palais désert de Louis XIV ; dans les grandes salles à demi ruinées, s'écaillaient les plafonds de Mignard et de Lebrun. On peut dire que la transformation opérée par Louis-Philippe a sauvé Versailles de la ruine, et pourtant, n'aurait-on pu la faire avec un peu plus de respect du passé ? A quoi bon détruire ces milliers de petits appartements, de couloirs, d'antichambres, de salles de gardes, où, pendant un grand siècle, s'étaient jouées toutes les scènes de l'histoire de France, et qui gardaient, dans leur abandon, l'empreinte de tout un monde écroulé ? A leur place, on établit ces longues galeries à voûtes de plâtre où d'immenses tableaux juxtaposés produisent à première vue l'effet de la devanture d'un musée Curtius à une foire de banlieue.

Cependant, cette vaste encyclopédie n'est pas sans intérêt ; la grande galerie des Batailles serait remarquable partout ailleurs qu'à côté de la salle des Glaces. Trente tableaux peints en 1836 et en 1837 par ordre du Roi, en tapissent les murailles. Scheffer y a représenté *Clovis à Tolbiac*, *Charlemagne* et le *siège de Paris par les Normands*, Horace Vernet *les batailles de Bouvines, de Fontenoy, d'Iéna, de Friedland et de Wagram*, le baron Gérard, *l'entrée de Henri IV dans Paris*, « affamé de voir son Roi, » et le *soir d'Austerlitz*, Devéria, *Calinal à Marseille* et Cogniet, *Bonaparte à Rivoli*. Abel de Pujol a peint les fresques qui ornent les extrémités de la galerie.

En parcourant les autres salles du château, il semble qu'on feuillette un gigantesque album, une histoire illustrée de la peinture française. On y retrouve ces toiles que Van der Meulen exposait en 1673 dans la cour de l'hôtel de Brion, les tableaux d'Audran, de Jouvenet, de Lemoine, les jolis panneaux de Coypel, de Natoire, de Vanloo et de Boucher, les paysages d'Hubert Robert, les grandes compositions de David et les fougueuses mêlées de Delacroix. Pendant dix ans, les peintres ne travaillèrent que pour le Musée de Versailles. Chaque Salon voyait éclore une foule de productions médiocres, représentant un fait quelconque de l'histoire de France, qui toutes allaient prendre place dans les nouvelles galeries du palais.

G.

Le Salon avait encore lieu au Louvre, sous le règne de Louis-Philippe, malgré les plaintes des artistes parisiens qui se trouvaient ainsi privés, pendant la moitié de l'année, de l'étude des tableaux exposés dans les galeries du Musée. « Depuis le 20 janvier, dit un critique de 1837, les portes du Louvre sont fermées, pour ne plus se rouvrir que cinq mois après; l'on a commencé le 20 janvier à élever devant les chefs-d'œuvre des maîtres de grands échafaudages de bois et de toiles qui rendent désormais impossible l'étude de tant de tableaux admirables. Le 20 janvier, en un mot, on a commencé les dispositions que nécessitent les approches de l'exposition de 1837.

« Le ministère, qui trouve au budget des fonds pour tant de constructions inutiles, ne trouverait-il pas quelques centaines de mille francs dont l'emploi, non seulement ne laisserait pas interdit pendant la moitié de l'année l'accès du Musée royal, mais encore préserverait d'une ruine prochaine ses tableaux, que menacent trop sérieusement la poussière des échafaudages et la chute, presque inévitable, de quelque pièce de ces échafaudages. Avec le prix dépensé pour l'obélisque de Louqsor, on aurait largement élevé une galerie si nécessaire, et, en bonne conscience, les tableaux de Raphaël, de Murillo, de Rubens, de Rembrandt et du Poussin valent bien le monolythe égyptien. »

Douze ans après, seulement, on donna satisfaction aux réclamations qui s'élevaient de toutes parts. Les Tuileries étant inhabitées depuis les journées de février 1848, on y installa le Salon de 1849. Ce fut bien pis !

« Le palais des rois n'est qu'un détestable Salon de peinture. La galanterie de la République, très noble, très louable, d'ailleurs, n'aura que cet avantage de la forcer à construire des galeries spéciales pour l'exposition. L'Assemblée nationale n'a qu'à voter les fonds, s'il en reste au Trésor, et qu'à faire surgir un nouveau palais dans la grande place du Carrousel...

« En attendant, les tableaux sont éclairés comme il plaît à Dieu dans les salons des anciens rois. Le public les cherche et les perd à travers ce labyrinthe de chambres ; les plus mal éclairés sont ceux qui le sont avec trop de luxe, par exemple, ceux qui ont reçu le déplorable honneur de la salle des Maréchaux. Un tambour à quatre pans opposés en a fait quatre salles où les lumières se croisent et se contrarient de l'est à l'ouest, de bas en haut, de haut en bas, tandis que le spectateur, le nez sur les toiles, ne peut reculer pour trouver la perspective (1). »

Est-ce pour ces raisons ou pour d'autres plus sérieuses que, parmi les deux mille cinq cent quatre-vingt-six noms qui figurent au livret, nous ne trouvons pas ceux d'Ingres, de Delaroche, de Coignet, de Lehmann, d'Ary Scheffer, de Couderc, d'Amaury Duval, de Robert Fleury, de Champmartin, de Dubufe, de Tony Johannot, d'Isabey, de Cabat, de Calame, d'Etex ?...

(1) *Musée des familles.*

Dès le lendemain de la révolution de 1848 avait paru un décret au *Moniteur* :

« Tous les ouvrages envoyés cette année seront reçus sans exception.

« Le citoyen ministre de l'intérieur,

« LEDRU-ROLLIN. »

Et cette mesure, comme en 1792, avait eu pour résultat immédiat d'éloigner du Salon les artistes les plus connus et les plus aimés du public.

Un des plus grands succès du Salon des Tuileries en 1849, fut un tableau de Louis Deveau, d'une actualité effrayante pour les Parisiens échappés au choléra : « Les cadavres rigides, verts et hideux, d'une famille entière, sont entassés dans une charrette, les bras, les jambes, les têtes pendent à droite et à gauche. Une femme traîne l'épouvantable tombereau — c'est la mère; un fou le suit en chantant — c'est le mari. » Dans l'Orangerie, on avait placé un immense tableau de Maison qui n'avait pu trouver place dans les salles du château et qui couvrait tout un côté de la serre : *l'élévation du calice, à la messe pontificale à Saint-Pierre de Rome.* Horace Vernet avait envoyé un *portrait du général Cavaignac*, Delacroix son *Othello* et *un cavalier Syrien*, et Giraud, qui s'était fait connaître au Salon précédent par sa *permission de dix heures*, le *portrait d'une dame espagnole*.

1850. — « Après le mauvais succès de l'exposition précédente, on se mit à bâtir vingt galeries sur le papier. L'un proposait le Carrousel, l'autre l'emplacement de la mairie du XIIe arrondissement, un troisième l'espace laissé libre par l'hôtel Turenne, quai Malaquais, etc. On n'oublia que l'idée la meilleure et la plus naturelle, celle qui coûterait le moins, l'appropriation du deuxième étage du Louvre aux exhibitions annuelles. Au milieu de ces projets divers, l'exposition de 1850 faillit se trouver entre deux salons comme un cavalier entre deux selles. Bref, elle fut remise au mois de décembre et renvoyée au Palais National. Nouvelles réclamations des artistes échaudés aux Tuileries. Enfin M. de Guisard, le directeur des beaux-arts, mit tout le monde d'accord en proposant d'élever un édifice dans la cour d'honneur du palais maudit et d'y réunir toutes les conditions de lumière, exigées des exposants. C'est ce plan qu'a réalisé M. Chabrol, l'architecte du lieu, avec un zèle et des précautions qui méritent tout éloge, s'ils n'ont pas obtenu tout succès. »

La construction nouvelle occupait un espace de seize mille mètres carrés, elle se composait d'un grand salon quadrangulaire entouré de quatre longues galeries et de quatre petits salons aux angles, le tout éclairé d'en haut par un toit de vitres et formant un quadrilatère de cent cinquante-cinq mètres de pourtour. On avait placé là les grandes toiles et la sculpture ; les petits tableaux occupaient le rez-de-chaussée du palais disposé en conséquence. Disons en passant que sur les cent cinquante-neuf mille francs votés par l'Assemblée législative pour subvenir aux frais du Salon, soixante-huit mille seulement avaient été employés à cet usage et que le reste servit à réparer les dégâts commis par les vainqueurs de Février dans le palais ci-devant royal.

Les plaintes furent plus vives encore que l'année précédente. « Nous sommes bien entrés au Salon le 30 décembre, mais nous n'y avons trouvé que le quart des objets admis à l'exposition. Nous ne voulons accuser personne, mais pendant que la foule nous poussait dans le rez-de-chaussée, nous avons ouï les plus terribles histoires racontées par les rapins les plus barbus sur les dernières séances du jury d'examen. Les deux écoles, l'Académie et l'atelier s'y seraient prises aux cheveux. Il y aurait eu de gros mots et des cartes échangées entre la gloire officielle et le génie méconnu. On se serait traité de barbouilleurs de paravents et autres gracieusetés de la même couleur. On se serait disputé pouce à pouce les bonnes places du grand salon et des galeries. Le même tableau aurait été accroché et décroché plusieurs fois par ordre et contre-ordre... Telle aurait été l'impartialité des juges; hélas! gardons-nous de croire un mot de tout cela pour l'honneur du suffrage universel appliqué aux beaux-arts (1). »

C'est au Salon de 1850 que Clésinger envoya sa *Pieta*. Pradier exposait *Atalante*, Robert Fleury *Jane*

___

(1) *Musée des familles.*

Shore et Muller l'*appel des dernières victimes de la
terreur.* Delacroix avait donné son *Lazare*, Philippo-
teaux le *banquet des Girondins* et Courbet l'*enterre-
ment à Ornans.*

Au Salon suivant, qui n'eut lieu qu'en 1852, Horace
Vernet exposait la *prise de Rome par l'armée française;* Tony Johannot *une scène d'invasion en* 1525 et
Pradier avait envoyé *Sapho.* Cette année-là, le jury
s'était montré sévère. Sur trois mille cinq cents toiles
présentées, douze cent quatre-vingts seulement avaient
été reçues. En outre, l'entrée des salles de l'exposition
cessait d'être gratuite. On payait un franc les huit
premiers jours et les jeudis de chaque semaine, et
cinq francs les lundis.

« Devant de pareils droits d'entrée, écrit un chroniqueur, comment la critique ne serait-elle pas acerbe ?
Quant à moi, j'en ai l'irritation d'un buveur qui voit
s'augmenter les droits de l'octroi.

« Droits d'entrée pendant les huit premiers jours dont
un à cinq francs 12   »
   « Coût d'un livret.   1   »
   « Loges de canne ou parapluie. . .   » 80

                « Total. . . .   13 80

« Si j'étais artiste, je voterais des fonds pour indem-
niser la critique et la désarmer. »   .

Après avoir voyagé du Louvre aux Tuileries et des
Tuileries au Palais-Royal, l'art traverse le boulevard
et campe en 1853 aux Menus-Plaisirs. Le palais de

cristal-promis depuis si longtemps ne doit être terminé que deux ans après.

Il s'élève dans un endroit désert des Champs-Élysées à l'ancien carré des jeux Marigny. Dans cette immense halle de deux cents mètres de long et de cinquante mètres de large, se donnent rendez-vous les artistes du monde entier.

Ce fut comme l'apothéose de la nouvelle école. Delacroix, Decamps, Vernet y figurent avec toute leur œuvre ; Gérôme expose le *siècle d'Auguste* ; Bellangé, *la bataille de l'Alma* ; Benouville, *la mort de saint François d'Assise* ; Bouguereau, *le corps de sainte Cécile apporté dans les catacombes* ; Cabanel, *la mort de Moïse* ; Courbet, *les casseurs de pierres* et *les demoiselles de village*.

Les collections particulières se dépeuplent au profit de l'Exposition universelle. On voit au palais de l'Industrie *le Pilori* de Glaize, *la mort de César* de Court, *le Tintoret et sa fille* de Cogniet ; *le fauconnier* de Couture ; *un métier de chiens* de Stevens ; *Lesueur chez les Chartreux* de Laugée ; *la fenaison en Auvergne* de Rosa Bonheur; *Vive l'Empereur !* de Ch. Muller; *Néron disputant le prix de la course aux chars* de Janet Lange ; *le maréchal Ney soutenant l'arrière-garde à la retraite de Russie* d'Yvon, *la bataille de l'Alma* de Gustave Doré.....

Et comme le Ruy Gomez d'*Hernani*, nous en passons, et des milliers d'illustres. Il faudrait, pour donner un aperçu de cette magnifique exposition, écrire une histoire complète de la peinture contemporaine.

Aussi bien, notre modeste tâche est ici terminée. Depuis cette époque, le Salon a lieu chaque année dans le palais des Champs-Élysées inauguré en 1855. Les livrets de ces dernières expositions sont dans toutes les mains. Les journaux en ont donné des comptes rendus fort détaillés. Les tableaux dignes de l'atten- tion du public ont été reproduits mille fois par la photographie et la gravure, et chacun pourra, sans grande recherche, satisfaire à ce sujet sa curiosité.

FIN.

TABLE DES SOMMAIRES

Paris. — Soc. d'imp. Paul DUPONT (Cl.), 28.5.81.

www.ingramcontent.com/pod-product-compliance
Ingram Content Group UK Ltd.
Pitfield, Milton Keynes, MK11 3LW, UK
UKHW021929070726
13614UKWH00001B/335